성공하는 변호사

– 늦깎이 변호사의 성공 이야기 –

저자 토리카이 시게카즈(鳥飼重和)
역자 이순동, 권경은

변호사도 빈익빈 부익부의 시대가 왔다.
시대와 환경을 극복할 수 있는 진정한
실력을 가져라.

진 원 사

~ 본서의 구성 ~

※ 본서는 앞에서 순서대로 읽어나가는 것이 이상적이지만, 시간이 없거나 대충 훑어보고 싶은 경우에는, 아래의 순서대로 읽으면 효과적입니다.

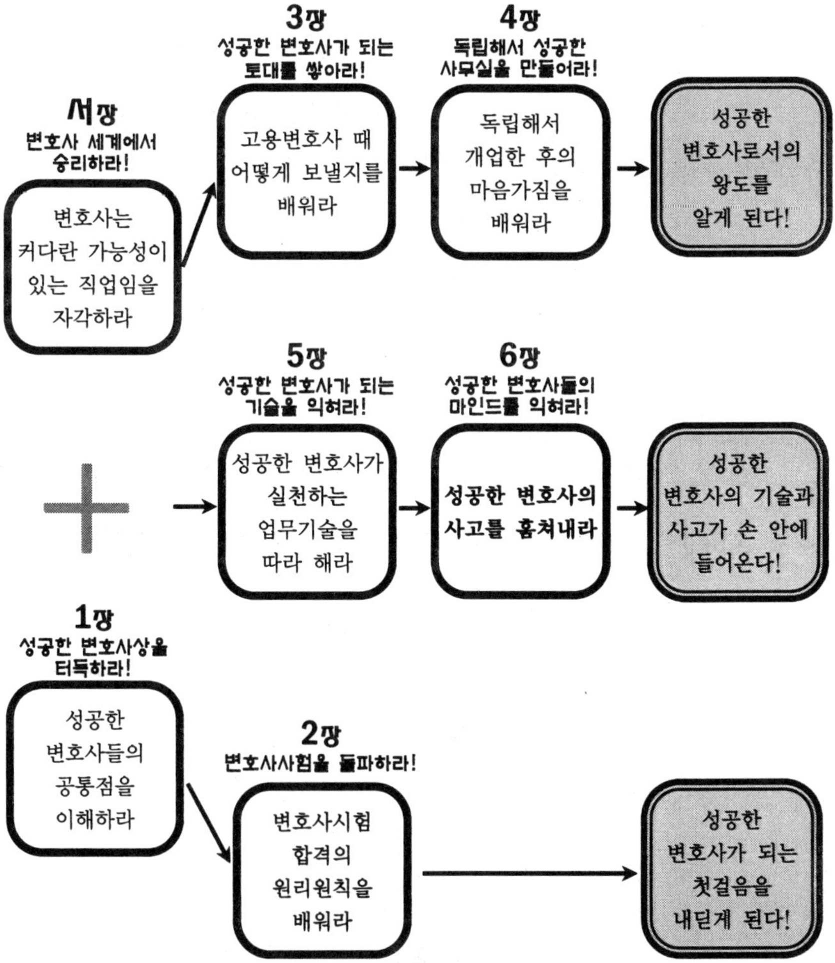

인사말

우리 인생은 '감사하는 것'을 발견하기 위한 여행이라 할 수 있습니다. 제 명함에는 산타클로스의 모습을 한 저의 캐리커처가 그려져 있습니다. 이 캐리커처를 "토리카이 산타"라고 이름 붙였습니다. 토리카이 산타의 선물 자루에는 '감사'라는 글자가 쓰여 있습니다. 산타가 나눠주는 선물이 바로 인생에서 행복과 성공을 가져다주는 최고의 원천인 '감사'이기 때문입니다. 감사하는 마음을 가지고 그 마음을 보다 풍요롭게 만든다면 누구나 멋진 행복, 최고의 성공을 거둘 수가 있습니다.

이 책이 출판되어 한국의 독자 분들께 감사할 수 있게 된 것은 너무나 큰 영광이고 정말로 기쁜 일이 아닐 수 없습니다. 그 이유는 제가 한국 사람들 마음 속의 고향인 고구려를 건국하신 주몽왕을 존경하기 때문입니다. '주몽' DVD를 몇 번이나 반복하여 보면서 온갖 고난에 굴복하지 않고 결국에는 인간적으로 성장을 거둔 주몽의 모습에 감동받고, 거기서 용기를 가지고 살아가는 힘을 얻었습니다.

먼저, 이 책을 낳아주신 이순동 변호사님의 노력에 마음으로부터 감사의 말씀을 드립니다. 이 변호사님이 저의 책을 발견하여 공감해 주시지 않으셨다면, 또 열의를 가지고 번역해 주지 않았다면 이 책이 출판되지는 못했을 것입니다.

그리고 이 책이 출판되기까지 아낌없이 지원해 주신 여러 분들, 권경은 씨께도 진심으로 감사드립니다.

이 책은 마흔이 되어서야 변호사가 된 제가 나름대로 성공할 수 있었던 요체들을 가감없이 적은 내용입니다. 성공할 수 있었던 이유는 단순합니다. 당연히 해야 할 것을 당연히 실천했기 때문이지요. 다시 말씀드리면, 시공을 초월한 보편적인 인간의 성장원리, 사회적 구조를 전제로 하는 직업인으로서의 성공원리를 실천했기 때문입니다. 그러한 의미에서 이 책에 적힌 원리들을 활용하신다면 변호사뿐 아니라, 경영자, 샐러리맨, 그리고 인생의 갈림길에 선 모든 분들 누구나, 각자의 자리에서 성공하고 행복에 가득 찬 인생을 누릴 수 있을 겁니다.

우리는 사람으로 태어난 것에 감사해야 합니다. 사람은 누구나 태어나는 순간 학력, 연령, 성별에 관계없이 행복해지고 성공할 수 있는 무한한 가능성을 가진 존귀한 존재들이기 때문입니다. 그 무한한 가능성을 행복이나 성공의 실현에 활용하는 것이 바로 행복과 성공의 원리인 '사고와 생각'입니다. 사람은 누구나 생각을 갈고닦아 그것을 실천하기만 한다면 행복과 성공을 반드시 거둘 수 있습니다.

이 책에서도 썼지만, 사는 과정에서 다양한 '거절(拒絕)'에 부닥쳤을 때, 그러한 거절을 체념으로 생각할 수도 있고, 기회라고 생각할 수도 있습니다. 그런데 저는 그러한 거절을 모두 기회로 받아들였고, 실제로 그 기회를 활용하여 왔습니다. 자신이 어떠한 인생을 보낼지 결정하는 건 자기 자신의 사고방식입니다. 즉, 인생에서 일어나는 갖가지 일들을 자신이 어떻게 생각하고 받아들이느냐에 따라 자신의 인생이 창조되는 것입니다. 그런데도 많은 사람들이 행복과 성공을 위한 '생각'을 하는 것같지는 않습니다. 그저 닥

치는 대로 살아가는 거지요. 이 책을 읽으시고 행복과 성공이 필연적으로 따라올 수밖에 없는 사고를 익히시길 바랍니다.

이 책은 주로 성공에 초점을 맞추어, 제가 스승으로 모시는 여러 분들에게서 배운 것을 실천하는 내용을 담았습니다. 인생에서 좋은 스승을 갖는다는 것은 성공의 가장 중요한 비결입니다. 자신이 성공한 모습을 스승을 통하여 상상해 볼 수도 있고, 방황하지 않고 자신이 해야 할 일들을 할 수 있게 해 주기 때문입니다. 이 책을 손에 넣은 것만으로도 기적이며, 그 인연에 감사드립니다. 나아가 조금이라도 많은 분들이 이 책을 활용해서 성공하시기를 기원합니다.

鳥飼重和(토리카이 시게카즈)

역자의 말

우리는 일생동안 끊임없이 스승을 찾아야 합니다. 학생이 학교에 가는 것은 스승을 만나기 위함 입니다. 단순히 책을 읽는 것은 집에서도 할 수 있습니다. 훌륭한 스승은 우리 주변에 넘쳐나는 정보 중에서 정말 필요한 것을 선택하여 줍니다. 잠깐 스쳐가는 인생의 귀한 시간을 낭비하지 않으려면 스승의 도움이 절대적으로 필요합니다. 그러한 스승 밑에선 평생을 두고 의지할 수 있는 진정한 길동무(道伴)도 사귈 수 있습니다.

어릴 때부터 훌륭한 스승을 만나 인생을 평탄하게 사는 사람도 있습니다. 하지만 그러한 행운은 아무에게나 찾아오지 않습니다. 요행히 어릴 때 좋은 스승을 만났다 하더라도 그 후 잘못된 길로 접어드는 경우도 없지 않습니다. 그래서 우리는 죽는 순간까지 끊임없이 자신을 발전시켜 나가야 합니다. 변화의 거부는 교만과 나태이고, 이는 곧 인생의 종말을 의미합니다.

일찍부터 성공의 길로 접어들어 한 번도 어려움을 겪지 않고 경지에 도달한 분들도 좋은 스승이 될 수 있지만, 많은 시행착오를 거쳐 성공한 분들로부터 오히려 더 많은 가르침을 받을 수 있습니다.

토리카이 선생님은 바로 그러한 분입니다. 무엇보다 토리카이 선생님 본인이 아직도 끊임없이 스승을 모시고 공부하는 분이기도 합니다.

이 책은 인생의 스승을 찾는 모든 분들에게 좋은 길잡이가 될 것입니다.

변호사는 의뢰인의 생명과 재산을 보호하기 위하여 싸우는 전사입니다. 아무리 치밀하게 준비하더라도 예상 밖의 사태를 막을 수 없고, 임기응변으로 상대를 제압하기 위하여 언제나 경계와 팽팽한 긴장을 늦추어서는 안 됩니다. 그렇지만 변호사가 하는 일의 방식은 자기의 생각을 상대방에게 설득하는 것입니다. 따라서 전문지식은 물론이고 폭 넓은 사고와 상대에 대한 이해심, 그리고 신뢰가 바탕이 되어야 합니다. 인간 사회에서 일어나는 가장 치열한 전투현장에서도, 전투의 방식은 가장 평화적이어야 하는 것입니다. 이 책이 변호사인 토리카이 신생님의 체험을 디루고 있지만, 다른 전문 직종의 종사자는 물론이고, 약육강식의 현장에 있는 경영자들에게도 영감을 줄 수 있는 것은 그러한 이유 때문입니다. 토리카이 선생님은 로펌의 최고경영자이기도 합니다.

한국의 독자들을 위하여 선선히 번역을 허락하여 주신 토리카이 선생님께 다시 한 번 감사드립니다. 그리고 꼼꼼한 교정과 편집을 해주신 진원사의 편집 관계자분들과 이 책이 나오기까지 성원을 아끼지 않은 양진수 사장님께 감사드립니다.

2020년 5월

역자 대표 **이 순 동**

차 례

서 장

변호사 세계에서 승리하라!

변호사는 커다란 가능성으로 가득 차 있다

◎ 변호사도 취업난 시대!

변호사 세계도 가혹한 경쟁사회로 진입했습니다.

지금까지 우리 변호사들은 그저 기다리고만 있어도 일이 들어왔습니다. 의뢰인들이 일을 가지고 와주었던 거지요.

하지만, 상황이 크게 바뀌어, 변호사 자격을 가지고 있어도 일이 없어 허우적대는 사람들이 나오고 있습니다.

실제로 '사무실 운영이 어려워, 따로 변호사를 고용할 만한 여유가 없다.'거나 '변호사시험은 합격했는데 취직할 데를 찾지 못했다.'는 이야기를 듣곤 합니다.

사회적으로 의미가 있는 굵직한 사건을 수임하여 **높은 보수를 받는 변호사들이 있는가 하면, 매일 할 일이 없어 고생하는 변호사들도 분명히 있지요**.

사법시험에 합격한 후 적당한 변호사사무실에 취직해서 '고용변호사'로 실무경험을 쌓은 뒤 어엿한 변호사로 성장하는 것.

이것이 종래 보아온 일반적인 변호사들의 성장 스타일이었습니다.

하지만 이제 그마저 뜻대로 되기가 어려워졌습니다.

게다가, 신사법시험(로스쿨제도의 도입과 함께 실시된 새로운 변호사시험제도. 우리나라의 로스쿨 졸업생들은 변호사시험에 해당함; 옮긴이)의 도입으로 향후 변호사들의 숫자는 대폭 증가할 것입니다.

그럼 상황은 어떻게 변할까요? 지금은 일단 일이 들어오고 있지만, 장래에는 먹고 살아가는 일이 힘에 부친 사람들이 늘지 않을까요?

분명, '지금'의 상황만 바라보면 그럴지도 모릅니다. 선배 변호사들이 다루고 있는 영역을 살펴보면, 이미 변호사수는 포화상태입니다. 그래서 취업난이나 경영난이 발생하고 있는 거지요. 그러나 변호사 업무는 그것만이 아닙니다.

애초에 당신은 왜 변호사가 되었나요? 돈 때문인가요? 절대 그렇지 않을 것입니다. 많은 사람들이 '사회적인 약자를 돕고 싶다.' 거나 '어려운 사람들에게 도움의 손길을 건네고 싶다.'는 등의, 말하자면 사회정의를 실현하고 싶어서 변호사가 되었을 겁니다.

그렇다면 우리들이 해야 할 일은 여전히 많이 남아 있습니다.

법률가를 필요로 하는 영역들은 폭넓거든요. **새로운 분야만 개척한다면 일은 얼마든지 생깁니다**. 중요한 것은 새로운 분야를 개척해 나갈 용기와 의욕이 있느냐 없느냐 입니다.

◎ 법률가는 다가가기 싫은 존재!?

변호사들의 취업난이나 변호사 사무실이 경영난을 겪게 되는 첫 번째 원인은 수요와 공급의 밸런스가 무너지고 있기 때문입니다. 즉, 변호사들의 수적 증가에 비해 기존 업무들은 증가하지 않은 거지요. 왜 그럴까요?

그 배경에는 '법률에 대한 인식의 저하'가 깔려 있는 듯합니다.

대부분의 사람들이 '법률가는 가까이하고 싶지 않은 존재'라거나, '변호사에게 상담하는 경우란 문제가 심각해질 대로 심각해져서 더 이상 손쓸 방도가 없게 되었을 때'라고들 생각합니다.

우리 변호사들이 힘든 일을 상담하는 일상적인 상대가 아닌, 특별한 존재, 가능하면 평생 만나는 일이 없기를 바라는 인물로 인식되고 있는 거지요.

변호사는 특별한 존재다? 정말 그럴까요?

저는 아니라고 생각합니다. 사실, 훨씬 더 친근한 존재여야 하지요.

법률에는 문제가 더 이상 심각해지는 것을 미리 방지하는 힘, **분쟁을 예방하는 힘이 있습니다**.

나아가, 사람들을 행복하게 만들고 기업을 성장시키며, 때로는 사람들과 사회를 성공으로 이끄는 힘까지도 지니고 있습니다.

하지만, '사건의뢰를 기다리기만 하는' 태도로는 법률이 지닌 긍정적인 면들을 일반인과 기업들에게 이해시킬 수 없습니다.

여기에 바로 커다란 벽이 있는 겁니다.

우리 변호사들은 사람들의 일상생활이나 기업의 경제활동 속으로 좀처럼 발을 내딛지 못하고 있습니다.

앞으로 변호사들은 이러한 벽을 깨부수고, 새로운 분야를 개척해 나가지 않으면 안 됩니다.

◎ 현재 처한 상황을 불리하다고 볼 것인가, 찬스라고 볼 것인가?

변호사들을 둘러싼 이런 상황들을 당신은 어떻게 생각하고 계신가요?

'절대적으로 불리한 상황이다. 내겐 운이 없구나'라고 한탄하시나요?

아니면, '절호의 찬스'라고 생각하며 기뻐하시나요?

어떤가요?

이런 이야기가 있습니다. 유명한 이야기라 한 번쯤 들은 적이 있을지 모릅니다.

어느 날, 구두 영업사원 두 명이 미개사회로 영업을 하러 떠났습니다.

그곳에서는 여태 구두를 신어본 자가 한 사람도 없었지요.

그러한 현실을 보고 판매원 중 한 명이 회사에 전보를 쳤습니다.

'그냥 회사로 돌아가겠다. 구두를 신은 사람이 한 사람도 없기 때문에 사업성이 없을 것 같다.'

다른 영업사원 역시 회사에 연락을 넣었지만, 내용은 전혀 달랐습니다. 그는 다음과 같이 회사에 보고했던 거지요.

'긴급. 구두 2만 켤레 정도 송부할 것. 아무도 구두를 신고 있지 않아 대량으로 팔릴 것 같음'

'아무도 구두를 안 신고 있다.'는 똑같은 상황을 보고서 두 사람은 정반대의 생각과 행동을 했던 겁니다.

한 사람은 '지금 신고 있지 않으니 앞으로 신지도 않을 거다. 그러니 상품도 팔리지 않을 거다.'라며 포기했지만, 다른 한 사람은 '아무도 신고 있지 않으니 구두의 효용만 가르쳐주면 순식간에 팔려나갈 것이다.'라고 의욕을 불태웠던 거지요.

이처럼, 사물을 부정적으로 볼 것인가, 긍정적으로 볼 것인가에 따라 다음에 취하는 행동이 크게 달라집니다. 그 결과, 미래도 달라지는 거고요.

여기서 다시 변호사 세계에 대한 이야기로 되돌아올까요.

앞에서 '법률에 대한 효용이 제대로 전달되지 않아, 변호사 업무 역시 생각처럼 증가되지 못했다.'고 말씀드렸습니다.

거꾸로 말하면, '보다 많은 사람들에게 법률의 효용을 이해시킨다면 자연히 변호사가 활약할 수 있는 분야도 늘어나게 될 것이고, 그에 상응하여 업무도 증가하는 것' 아닐까요.

실제로, 변호사들이 아직 손대지 않은 영역들은 너무나도 많습니다.

예컨대, M&A를 들어 보죠. 지금은 인기 분야라 할 수 있지만, 10년 전만 해도 M&A에 손대는 변호사는 너무나 적었기 때문에 전문변호사로 명성을 날릴 수 없었습니다.

또, 제가 전문적으로 맡고 있는 '세무소송' 역시 마찬가집니다. 기업이 지급하는 세금에 관해 잘 아는 변호사가 없었기 때문에 이 분야를 공부하여 선구자가 되었습니다.

지금 취직할 곳을 마땅히 찾지 못한 사람, 혹은 일이 없어 힘들어 하는 사람들은 새로운 시장을 자신의 힘으로 개척해서 그 분야의 선구자가 되십시오.

'새로운 시장이 그리 간단히 나타날 리 없잖아'

이렇게 생각하실지 모릅니다.

여기서 한 번 더 당신이 변호사가 되고자 했던 이유를 떠올려 보십시오.

당신이 변호사가 된 것은 '사회적 약자를 돕고 싶어서', 혹은 '어려운 사람들에게 손을 내밀어 돕고 싶어서' 였던 거 아닌가요?

그렇다면 그런 어려운 사람들을 찾아가 당신 쪽에서 구원의 손길을 내밀어 보면 어떨까요?

새로운 영역이란 미개척 분야입니다. 그곳에는 많은 보람 있는 일들이 널려 있습니다. 그런 일들을 찾아서 사회에 공헌하는 것이 변호사의 사명입니다.

◎ 변호사는 보람있는 직종이다!

변호사 업무는 법률과 법률적 사고를 가지고 어려운 사람들을 도와주는 겁니다.

남에게 도움을 주는 일이기 때문에 쉽게 보람이나 사는 맛을 느낄 수 있지요.

'남을 위해서'라는 건, 결국 자기 자신을 건강하게 만들어 줍니다. 이상하게도 '자기 자신만을 위해' 살면 별로 기운이 안 나거든요.

감사하게도 '사회정의의 실현'에 봉사하여야 하는 저희들의 일에는 그러한 '남을 위해서'라는 것이 미리 세트되어 있습니다.

남들의 고민을 해결해 줄뿐 아니라, 자기 자신까지도 기운 나는 일. 이렇게 멋진 직업이 세상에 또 있을까요?

파나소닉의 창업자인 마쓰시타 고노스케(松下幸之助)씨는 다음과 같이 이야기했습니다.

'저는 사회에 도움을 주는 일이라면 뭐든 할 것입니다. 그렇지

만 그렇지 않은 일이라면 아무리 돈을 많이 번다고 해도 안 할 겁니다.'

저희들 세계도 똑같이 이야기할 수 있지 않을까요. 아무리 돈 되는 일이라도 사회에 도움을 주지 못하고, 사회로부터 평가받지 못한다면 무슨 의미가 있겠습니까?

그러니, 여러분들도 '사회로부터 인정받는 사건'을 맡는 변호사가 되어 주십시오.

그렇게 사는 것이 보람도 있고 기운도 날 겁니다.

당연히 변호사라는 일도 즐거워질 것이고요.

그리 하면, 자연히 성과나 실적도 올라가고, 결과적으로 '돈도 잘 벌게' 되는 겁니다.

◎ 변호사는 '지혜'와 '신용'이 경영자원

'지혜'와 '신용'.

이 두 가지가 변호사의 최대 경영자원입니다.

사회에 공헌할 수 있는 변호사, 성공한 변호사가 되려면 이 두 가지를 빼놓을 수 없습니다.

저는 자주 '일은 사람이 가져다 준다.'거나 '일에 대한 보수는 일이다.'라는 말을 즐겨 합니다.

아무리 사소한 일이라도 최선을 다해 성실하게 수행하면 반드시 그것을 평가해 주는 사람이 나타나고, 거기서 의뢰인들과의 신뢰관계도 생기게 되는 겁니다. 그러면 이번에는 그 사람이 또 다른 일을 가져다주거나 새로운 의뢰인을 소개해 주기도 합니다.

이렇게 하나의 일이 새로운 일을 가져와, 점점 할 일이 늘어나게 되는 겁니다. 당연 인간관계도 넓어지게 되고요.

일로 실적을 올리려면 신용이나 신뢰관계만이 아닌, '지식'과 '지혜'도 필요합니다. 특히, 중요한 것은 '전문성'을 갖는 일입니다.

'여러 변호사들 중의 한 사람'이 아닌, '선택받는 변호사'가 되어야 하는 겁니다.

1장에서 상세히 소개하겠지만, 전문성은 성공한 변호사가 되기 위한 첫 번째 조건입니다.

전문성을 익히기 위해서는 자신에 대한 투자를 아끼지 말아야 합니다.

전문서적을 읽고 연구하거나 적극적으로 세미나에 참석하는 등, 지식의 폭을 넓혀가면서 그 중 가장 흥미를 갖게 된 것은 자기 나름대로 깊이 파고들어 탐구해가야 합니다. 이렇게 축적시켜 가다 보면 장래에는 반드시 꽃을 피우는 날도 올 겁니다.

실지로, 그렇게 해서 저도 '세무소송'과 '회사법'이라는 두 가지 전문성을 익힐 수 있었습니다.

그리고 하고 싶은 일만 골라서 하게 되면 전문성을 익힐 찬스를 놓쳐 버립니다. 왠지 그 반대일 것 같지만, 사실입니다.

왜냐하면, 장래에 무엇이 찬스가 될지, 무엇이 자신의 전문분야가 될지는 아무도 알 수 없거든요.

다만, 확실히 말할 수 있는 것은,

'찬스는 찬스라는 얼굴을 하고 있지 않다.'는 사실입니다. 변호사인 제 인생을 뒤돌아보더라도 자신 있게 단언할 수 있습니다.

저의 경우에는 처음에는 '진짜 싫다.'고 생각했던 일들이 나중에 보면 '그게 찬스였구나. 그 사건이 전문성을 갖도록 한 거구나'라고 생각되는 예들이 많이 있습니다.

신참 시절에는 무엇이건 도전하십시오. 실패를 두려워해서는 안 됩니다.

이것이 앞으로 변호사의 경영자원인 '지혜'와 '신용'으로 연결됩니다.

좋은 일을 많이 해서 사회에 공헌할 수 있게 되면 돈은 자연히 따라붙습니다. 처음부터 돈을 좇는다면 본말이 전도된 것이고 결과도 좋지 않습니다.

◎ 앞으로, 변호사 업무는 증가할지언정 줄지는 않을 것!

앞으로는 변호사 업무가 증가할 일은 있어도 줄지는 않을 겁니다.

저는 그렇게 생각합니다. 오히려 변호사수가 부족해지는 것 아닐까요?

그렇게 생각하는 이유는 사회상황이 크게 변화되고 있기 때문이지요.

지금까지는 '사회'보다는 '기업'이 우선되었습니다. 하지만, 최근 들어 이러한 구조들이 바뀌고 있습니다.

입법, 행정, 사법 모두가 '기업'보다는 '사회'를 우선시하게끔 되었습니다. 신문 헤드라인만 봐도 금방 알 수 있습니다.

이러한 가치관의 전환을 통해 무엇이 바뀔 거냐구요?

우선, **앞으로는 기업이 소비자나 주주로부터 제소당하는 일들이 증가할 것**입니다. 실제로 아직은 증가하지 않았지만, 그 징조들이 보입니다. 그 중의 하나가 증권소송이지요.

예컨대, 라이브도어 사건[1)]을 한 번 볼까요. 이 사건에서는 라이브 도어가 유가증권보고서를 가지고 거짓 보고를 하였기 때문에 주가가 폭락하고 상장이 폐지되었습니다. 그 결과, 주주들은 엄청난 손해를 입었지요. 그래서 주주들이 회사를 상대로 손해배상을 청구했던 겁니다.

이 외에도 분식결산이 문제된 어번 코퍼레이션 사건[2)]이 있습니다. 이때에도 마찬가지로 증권소송이 제기되었습니다.

---

1) 2004년도 9월 결산보고서로서 제출된 유가증권보고서에 허위의 내용을 기재하였다는 의혹 및 증권거래법 등을 위반하였다는 두 가지 사실로 라이브도어와 라이브도어 마케팅, 그리고 해당 임원들이 기소된 사건이다. 종래의 분식결산사건들은 모두 기업의 경영파탄이 초래된 후에 수사되었던 데 반해서, 라이브도어 사건은 경영파탄이 아직 이루어지지 않은 상태에서 수사가 시작되었다는 데에 특징이 있다. 또한, 당시 라이브도어가 저지른 약 50억 엔의 분식액수는 과거의 분식사건들과 비교할 때 오히려 적은 편에 속하였다. 하지만, 같은 시기에 약 600억 엔이라는 자금조달이 행해졌고, 대표이사가 약 145억 엔의 주식매각을 하였다는 점에서 분식금액은 그다지 고액이 아니지만 범행의 결과는 크다고 보았다. 이 외에도, 본 사건에서는 분식결산에 사용된 자금이 의심스러운 수단으로 발생한 자기주식을 통해서 일반주주로부터 끌어 모은 자금이었다는 점에서도 특징이 있다(역자 주).

2) 주식회사 어번 코퍼레이션이라는 회사가 2008년 6월 26일의 임시보고서에 BNP Paribas S. A.에 대해 신주예약권부 사채를 300억 엔에 발행하되, 이 300억 엔은 '단기차입금을 비롯한 채무의 변제로 사용할 예정'이라고 보고·발표한 후 같은 해 7월 11일에도 예정대로 BNP Paribas S. A.로부터 300억 엔을 지급받았다고 발표하였다. 그러나 나중에 이것이 허위임이 밝혀져 문제된 사건이다.(역자 주)

또, PL법[3]의 존재도 잊지 말아야 합니다. 미국에서는 PL소송전문 변호사들이 무려 6만 명이나 있다고 합니다. 옛날부터 미국에서는 소비자들이 승소할 수 있는 소송구조가 정비되어 있었기 때문에 변호사들이 PL소송 하나만 가지고도 충분히 먹고 살 수 있었던 겁니다.

일본은 아직 그 단계에는 도달하지 못했지만, 향후 미국과 마찬가지로 소송구조가 정비된다면 증권소송이나 PL소송을 전문으로 하는 변호사들이 쏟아지지 않을까요.

그리 되면 어찌 되겠습니까?

주주나 소비자들이 제기하는 소송을 감당하지 못해서 문을 닫는 기업들도 등장할 겁니다. 지금까지 많은 기업들이 '주주들은 제소하지 않는다.', '소비자들은 소송하지 않는다.', '소송에서 지지 않는다.'라는 전제조건을 깔고 조직을 만들어 왔습니다. 당연히 거기에는 법률가들의 의견은 반영되지 않았습니다. 그렇기 때문에 소송구조가 크게 바뀌면 무기력하게 지고 말 것입니다.

향후에 기업들이 제소당하지 않도록 하려면 **지금까지 법률가들이 진출하지 않았던 영역에 법률가들의 의견이 반영되도록 해야 합니다**.

이런 식으로 사회적인 움직임을 좇아가게 되면 '사회'와 '기업' 양쪽에서 변호사들의 수요가 높아질 걸로 예상됩니다.

거기에 한층 박차를 가하는 것이 우리 변호사들입니다. 일이 없어 고생하는 변호사들이 자신의 생애를 걸고 새로운 분야를 개척

3) 제조물책임법(역자 주).

해 나갈 것이기 때문이지요.

◎ 사회적 성공만이 아닌, 인간적인 성공을 목표로 삼아라

성공에는 두 가지 종류가 있습니다. '개인적인 성공'과 '사회적인 성공'이 그것이지요.

개인적인 성공은 인간적인 성공이라고도 부를 수 있습니다. 가족이나 친구, 아는 사람들과 행복이 넘치는 생활을 실현하는 것. 그것으로 성공했느냐 못 했느냐를 판단하는 것.

그 판단은 어디까지나 자기 자신입니다.

한편, 사회적 성공이란 자신 이외의 제3자나 사회가 결정하는 객관적인 평가입니다. 일반적으로 취급하는 사건내용이나 수입, 지명도 등으로 판단 받게 되겠지요.

어느 것 할 것 없이 중요하지만, **사회적인 성공을 거두더라도 인간적으로 불행하다면 아무런 의미가 없겠지요**.

개인적인 성공 위에 다시 사회적인 성공을 쌓아가는 것이 이상적입니다.

부디 여러 분들은 그렇게 하시길 바랍니다.

높은 보수를 받고 있다고 해서 행복한 것은 아닙니다. 거기에 인간성이 수반되지 않는다면 한 사람의 인간으로 존경받지 못할 거니까요.

다른 사람들에게 도움도 주고 일도 재미있게 하고, 그러면서 가족들과도 행복한 생활을 영위한 결과, 높은 보수까지 받을 수 있도록 하는 것, 그것이 가장 바람직합니다.

◎ 일류를 지향하면 '돈'은 자연히 따라 온다

이 책은 타이틀로 '성공', 다시 말해서 세속적으로 '돈 잘 버는 것'을 들고 있지만, '성공'이나 '돈을 잘 번다는 것'은 어디까지나 결과이지 '이상'이나 '목적'은 아닙니다.

저희들이 일을 하는 가운데 갖는 이상이란 사회에 도움이 되는 것, 어려운 사람을 돕는 것입니다. 즉, 사회정의의 실현이지요.

이러한 **이상을 추구해 가다 보면 자연히 돈은 따라오게 되고, 성공한 변호사도 되는 겁니다**.

처음부터 돈만 쫓게 되면 사회적으로 의미 있는 일도 못할 것이고, 그런 양질의 일들을 처리할 기회도 대부분 사라질 것입니다.

돈은 어디까지나 결과물입니다.

사회에 도움이 되는, 남에게 믿음을 줄 수 있는 양질의 일들을 해나가는 것.

즉, 중요한 건 사람이나 사회로부터 인정받는 '일류 변호사'를 목표로 하는 일입니다. 그리 하면 나중에 성공은 뒤따라올 겁니다.

지금부터 여러 분들께 소개하는 것들은 제가 '일류 변호사'가 되기 위해 노력하고 경험하면서 얻은 '성공한 변호사'가 되기 위한 힌트들입니다.

1 장

성공한 변호사상을 터득하라!

성공한 변호사들의 공통점

성공한 변호사란?

우선, 여러 분들께 질문 하나 할까요?

여러 분이 생각하는 '성공한 변호사'란 어떤 사람인가요?

소득이 억 소리나는 1억 엔 이상인 사람. 대형로펌의 파트너변호사. 변호사랭킹에 들어간 상위권자들. 책을 많이 쓴 사람 …… 등등, 다양한 이미지들이 떠오를지 모릅니다.

하지만, 저는 이렇게 생각합니다.

'사회적으로 가치 있는 일을 많이 맡는 사람일수록 성공한 변호사다.'라고요.

저는 '일에 대한 보수는 일'이라 생각합니다. 그러므로 회사의 사활이 걸린 사건이나 재산적 가치가 큰 사건, 혹은 사회적 영향력이 크고 수많은 사람들을 구제할 수 있는 사건을 의뢰받는 변호사일수록 의뢰인들로부터 받은 평가도 높기 때문에, 결국은 그러한 사람들이 성공한 변호사가 아닌가 생각합니다.

금전이란, 사건에 붙어오는 겁니다. 사건은 또 사람에 붙어옵니다. 중요한 건, 자신이 어떤 사람들과 연결되어 있는가, 혹은 어떤 사건들과 연결되어 있는가 이지요.

처음부터 돈을 좇아가더라도 양질의 사건들이 들어오지 않습니다. 그렇기는커녕, 오히려 이상한 사건만 떠맡게 돼서, 급기야는 인간성을 떨어뜨리고 신뢰를 실추시키는 일까지 생기지요.

그런 사람들은 '성공'의 진정한 의미를 모릅니다.

아무리 작은 사건이라도 성의를 가지고 임한다면 서서히 신용도 커져 보람 있는 굵직한 사건들이 들어오게 되어 있습니다. 일은 순환하는 거니까요.

사회에 도움이 되고, 질적으로도 수준 높고, 그러면서 신용까지 얻을 수 있는 일들을 계속하게 된다면 대기업 임원 수준의 소득을 얻는 일이 결코 어렵지만은 않습니다.

물론, 그러려면 성공한 변호사들에게 공통적으로 볼 수 있는 '힘'과 '자세'를 익힐 필요가 있겠지요.

성공한 변호사가 되기 위해

일에 대한 보수는 일이다
보람있는 일을
의뢰받는 변호사가 되라

성공한 변호사가 가진 세 가지 힘 ①「전문성」

성공한 변호사가 되기 위한 가장 중요한 조건은 전문성을 갖는 일입니다.

여러 분들도 어떤 힘든 일이 생겨서 그것을 스스로 해결할 수 없는 경우에는 그에 관련된 전문가나 프로들에게 상담하실 겁니다. 그것은 변호사도 마찬가지지요.

'이 분야의 전문가는 그 변호사라더라'라고 소문나게 되면 자연히 의뢰인들도 모여들게 됩니다. 그렇게 되려면 자신 이 외에는 그 누구도 할 수 없는 전문성을 가지고 실적을 쌓아가야 하겠지요.

현재, 저는 세무소송과 회사법을 전문으로 변호사활동을 하고 있습니다.

그렇다고 해서 처음부터 이것을 전문적으로 했던 것은 아닙니다.

어떤 사건을 계기로 세법과 회사법에 흥미를 갖게 된 후, 나름 열심히 쫓아다닌 결과, 이것이 어느 샌가 제 전문, 즉 '강점'이 되었던 겁니다.

전문성을 높여가게 되면 그에 상응해서 사회적으로도 의미가 있는 사건들이나 기업들에서 중요한 사건, 말하자면 보람 있는 사건들을 의뢰받게 됩니다.

그것은 결과적으로 보수와도 연결되지요. 요컨대, '돈을 잘 벌게' 되는 겁니다.

반대로, 누구나 할 수 있는 사건들만 하고 있으면 의뢰인들로부터 선택받는 변호사가 되기 어렵습니다. 그 결과, 보람 있는 사건으로 연결되기도 어려워지고요.

그 점에서 전문분야를 가진 변호사들은 강점을 갖게 됩니다. 자신 이 외에는 아무도 하지 못하는 '무기'가 있기 때문에, 그 무기를 통해 '보람 있는 사건'으로 연결되기도 그 만큼 쉬워집니다.

그보다 더 강력한 것은 전문성과 인간관계를 두루 갖춘 변호사입니다.

전문성이나 인간관계는 자신을 향상시켰을 때 비로소 손에 넣을 수 있습니다.

바로 그겁니다. 우리가 하는 일은 자신의 인간성을 높이면 높일수록 '돈도 잘 벌게 되는' 구조로 되어 있거든요.

만일, '내게는 전문이라고 할 만한 게 없다.'고 한다면 그것을 찾는 일부터 시작해보는 게 어떨까요?

성공한 변호사가 되기 위해

자신만이 가진 전문성을 가져라
자연히 보람있는 일들이
들어올 것이다

성공한 변호사가 가진 세 가지 힘 ②「인간관계술」

앞에서 '전문성과 인간관계를 두루 갖춘 변호사가 가장 강하다.' 라는 이야기를 하였지요.

왜 그럴까요?

그것은 '일은 사람이 가지고 오기 때문'입니다.

분명히, '전문성'에만 의존해서 사건을 의뢰받는 때도 있습니다. 하지만, 그보다는 대부분 '누군가'의 소개로 들어옵니다.

지금 변호사들의 전문분야는 세분화되고 있고, 제가 전문적으로 맡고 있는 기업법무만 하더라도 M&A와 내부통제 컴플라이언스, 지적재산보호, 주주총회대책 등 여러 가지에 걸칩니다.

때문에, 대기업 안에서도 특정 사건을 누구에게 의뢰하면 좋을지, 최상의 적임자가 누군지를 알 수 없는 분야들이 많습니다.

그리 되면, 연줄에 의지해서 적당한 변호사를 찾아 나서게 될 겁니다.

이때, 인간관계나 인맥이 크게 영향을 미칩니다.

예컨대, 사회적으로 가치 있는 일을 의뢰하고 싶어 하는 사람이 있다고 합시다. 그 사람은 나름의 네트워크(= 인간관계)를 가지고 있을 겁니다. 그래서 자신의 네트워크를 더듬어 가며, 목적에 부합되는 변호사를 소개받기 위해 찾아 볼 것입니다.

가령, 그 네트워크 망에 당신이 연결되어 있고, 또 그 사람의 필요에 부응할 수 있는 전문성이 있다면, 결국엔 자연적으로 당신에게 그 일거리가 들어오겠지요.

이처럼, 우리 변호사들과 의뢰인들은 전문성과 인간관계라는 둘, 혹은 어느 하나에 서로 연결되어 있습니다. 그렇다고 한다면, 그것이 성공한 변호사에게는 빼놓을 수 없는 조건이라는 것은 두말할 나위가 없겠지요.

성공한 변호사가 되기 위해

전문성과 함께 인관관계술을 연마하라
일은 사람이 가져온다는 것을
명심하라

성공한 변호사가 가진 세 가지 힘 ③「경영력」

모든 일들이 그렇겠지만, 자기 혼자 할 수 있는 데는 한계가 있습니다. 특히, 전문성을 중시할수록 혼자 할 수 있는 범위가 그리 넓지 않다는 사실을 깨닫게 되지요. 사회적인 가치가 아주 높은 일들은 상당수 변호사들의 힘을 필요로 합니다. 하지만, 변호사들 중에는 어떤 일이건 혼자 해야 직성이 풀리는 사람들이 많은 것 같더군요.

혼자서 꾸려가는 사무실이 많은 이유도 그 때문인지 모르겠습니다. 하지만, 그래 가지고는 전문성도 익힐 수 없을뿐더러, 상당수 변호사들의 맨 파워 역시 사용할 수 없습니다.

저는 변호사이면서, 동시에 법률사무실 경영자기도 합니다. 그렇기 때문에 상당한 인원의 변호사와 세무사들을 채용해서, 스스로 할 수 없는 일들은 그 사람들에게 부탁합니다.

'스스로 해야 할 영역'과 '남에게 맡길 영역'을 확실히 구분합니다. 그리고 변호사들과 다른 사람들의 맨 파워를 한 데 결집시킵니다. 이것이 성공한 변호사에게 필요한 경영능력인 거지요.

혼자 할 수 있는 영역에는 두 가지가 있습니다. 자신밖에는 아무도 할 수 없는 일과 다른 사람도 할 수 있는 일이 그것입니다. 제 경우에는 저 아닌 다른 사람도 할 수 있는 일은 사무실에 계신 다른 변호사님들, 혹은 외부 사람들에게 부탁합니다. 이런 식으로 일을 나누다보면 의외로 남들에게 맡길 수 있는 영역이 넓다는 사실을 새삼 깨닫게 됩니다.

성실하고 우수한 사람에게 일을 맡기면 그만큼 사회적으로 가치 있는 일들을 할 수 있게 되고, 그 결과 혼자 일할 때보다 훨씬 더 수익성도 높아지게 됩니다.

또, 변호사수가 증가하면 취급하는 사건이 늘어날 것이기 때문에 업적도 올라가게 됩니다.

그리고 뭐니 뭐니 해도 보람을 느낄 만한 굵직한 사건을 수임할 수도 있습니다.

전에, 어느 감사법인 대표자가 이런 충고를 해주신 적이 있습니다.

'변호사를 10명 이상 확보하지 못하면 신문기사에 오를 정도의 사회적 이목이 집중된 굵직한 사건은 맡지 못할 것이다.'

물론 예외도 있겠지만, 제 경험상 보더라도 거의 맞는 말인 듯합니다.

성공한 변호사가 되기 위해

변호사도 경영적 시야를 가져라
남에게 일을 시키면
보람, 수익 모두 향상된다

성공한 변호사가 되는 세 가지 자세 ①
「당연히 해야 할 일은 당연히 하라」

'義는 利의 근본'이라는 말이 있습니다.

인간이 옳은 일을 하면 이익이 절로 따라온다는 말입니다.

이것은, 昭和(1926 - 1989)시절 수많은 정치인들과 재계로부터 '스승'이라 추앙받았던 야스오카 마사히로(安岡正篤)[4] 선생께서 자주 인용하신 말입니다.

일이란, 사회에 도움 되는 일을 하는 겁니다. 그런 일을 해야만 올바른 일을 한다고 할 수 있고, 이는 사회적으로 볼 때에도 너무나 당연한 말입니다. 그 중에서도 당연히 해야 할 일을 당연히 한다는 것이 가장 중요한데, 의외로 많은 사람들이 이 점을 알지 못합니다.

적자로 허덕이던 기업을 여럿 사들여, 1년 만에 흑자로 전환시킨 일본전산의 나가모리 시게노부(永守重信) 사장이라는 분이 있습니다. 이 분 역시 이렇게 말씀하셨습니다.

'당연한 것을 당연히 하면 분명히 흑자를 낼 수 있다. 적자기업들은 그런 당연한 일을 하지 않는다.'

나가모리 씨가 말하는 당연한 것들이란, 아침인사, 전화상의 대응방식, 근무태도, 직장에서의 정리정돈 등을 말합니다. 이것들이

4) 일본의 양명학자, 우익사상가(역자 주).

제대로 되어 있지 않으면 철저히 고치도록 한다고 합니다.

그리하면 점차 경영상태도 좋아진다는군요.

너무나 당연한 건데도 의외로 깨닫지 못하는 경우들이 많습니다. 하지만, 그것을 깨달은 사람은 누구나 실천하고 있습니다. 매일 주고받는 인사라든가, 어떤 말을 사용하느냐가 당신의 인생을 크게 좌우합니다.

당연한 것이 무언지를 알고 그것만 착실히 해나간다면, 인생이 이렇게 행복해도 되는지, 이렇게 성공해도 괜찮은지 라는 생각을 하게 될 겁니다.

그럼, 변호사에게 당연한 일은 무엇일까요?

그건, 법률이나 법률적 사고를 활용해서 사회에 도움을 주는 일입니다.

세상에는 어려운 사람들이나 기업들이 많습니다. 그러한 사람들과 기업들에게 도움을 주고자 한다면 자신이 나아갈 길도 저절로 보이지 않을까요.

성공한 변호사가 되기 위해

당연한 것들은 잘 깨닫지 못 한다
깨닫고 실천할 수 있느냐 없느냐가
미래의 명암을 가른다

성공한 변호사가 되는 세 가지 자세 ② 「솔직해져라」

'솔직'해지는 것도 중요합니다.

솔직하다는 것은 자신을 안다는 의미도 있습니다. 자신을 알게 되면, 법조계에는 자신보다 우수한 사람들이 정말 많다는 사실을 깨닫게 됩니다.

그리 되면, 그런 우수한 사람들에게서 배우려는 자세가 생겨날 겁니다. 예컨대, 제가 회사법 쪽으로 진출하게 된 계기는 쿠보리 히데아키(久保利英明) 변호사님 때문이었습니다.

어느 세미나에서 쿠보리 변호사님의 회사법에 관련된 이야기를 듣고, '이렇게 재밌는 법률세계가 다 있다니!' 라고 쇼크를 받았습니다.

그때부터 표현이 좀 우습지만, 변호사님의 꽁무니만 쫓아다니며 여러 가지를 배웠습니다. 그것이 지금은 회사법에 관련된 전문성으로 이어지게 된 겁니다.

그 외에도, 여러 사람들의 세미나나 강연에 참석했습니다. 그리고 거기서 좋았다고 느낀 점은 솔직히 받아들이고 실천하고 있습니다.

가령, 경영 세미나에서 배운 '5개년 계획'이라든지 '연간 그래프' 등이 그겁니다. 그것을 따라한 결과, 거의 제가 계획했던 대로 사무실을 성장시킬 수 있었습니다.

또, 솔직해지면 언제나 긍정적인 사고를 가질 수 있습니다.

저는 변호사가 되고 나서 실망한 적은 있었지만, 좌절을 맛본 적은 여태껏 없었습니다. 왜냐하면, 결과를 솔직하게 받아들였기 때문입니다.

설사, 나쁜 결과가 나오더라도 솔직하게 받아들이면 아무 것도 아닐 수 있습니다. 나쁜 결과를 지금보다 한 단계 더 성장시키기 위한 과정(Step)이라고 생각하지 않기 때문에 괴로운 것입니다.

소송을 하다 보면 지는 때도 있습니다. 그렇더라도 위축되지 않습니다. 제가 할 수 있는 건 다 했기 때문에, 결과는 결과대로 솔직히 받아들이고 그 다음 단계로 나아갑니다.

이처럼, 솔직한 자세를 갖게 되면 앞으로 나아가는 원동력으로 작용하기도 합니다.

뭐든 솔직하게 받아들이고, 그것을 긍정적으로 바꿔 가도록 하세요.

성공한 변호사가 되기 위해

솔직하게 다가가면
배우려는 자세가 생긴다
사고가 긍정적으로 변한다

성공한 변호사가 되는 세 가지 자세 ③ 「긍정적인 사고를 가져라」

일류 변호사라 불리는 분들은 누구 할 것 없이 긍정적입니다.

언제나 미래를 보고 있지요. 과거 이야기는 별로 하지 않습니다.

이것은 비단 변호사에게만 한정된 이야기는 아닌 것 듯합니다.

파나소닉의 창업자인 마쓰시타(松下幸之助) 씨가 이런 질문을 받았다는군요.

'성공의 비결이 무엇입니까?'

그가 뭐라고 대답을 했을까요?

'성공할 때까지 하는 것'이었답니다. 이것은 '마지막엔 반드시 잘 될 거다.'라는 발상, '성공할 거라고 생각하면 성공한다.'는 인간의 무한성에 대한 신념에서 나오는 겁니다.

마쓰시타 씨에 관해서는 또 다른 이야기도 있습니다.

'100명 중 두세 명은 반드시 성공한다는 말에 대해 어떻게 생각하십니까?'

'용기가 솟는데요'

당신은 어떻게 생각하시나요?

성공하는 사람들은 언제나 가능성을 추구합니다. 실패했지만 다음에 잘 하면 되지 뭐. 까짓것, 몇 번을 실패했든 다음엔 잘 될 거야.

이렇게 생각할 수 있다면 긍정적이라 할 수 있습니다.

저도 세무소송에서는 7, 8년간 패소만 거듭했습니다. 그래도 좌절감을 느끼거나 포기하지는 않았습니다. 당연히 이겨야 할 사건이라 생각했기 때문에 계속했습니다.

시간이 흐른 탓도 있겠지만, 사무실 규모도 커지고 준비하는 데 충분한 시간과 사람을 투입할 수 있게 되어, 2008년도 저희 사무실의 세무소송 승소율은 80%를 넘게 되었습니다.

가능성이란 언제나 미래를 믿고 바라보는 데서 열립니다.

과거의 실패를 실패라 생각지 말고, 미래에 활용해서 긍정적으로 나아가세요.

성공한 변호사가 되기 위해

세상에서 성공한 사람들은 모두 긍정적이다
실패를 두려워 말고, 성공에 대한 신념을 갖고
나아가라

1장의 포인트

- □ 변호사의 최고 보수는 좋은 일거리다!
- □ 조그마한 신용부터 쌓아가라!
- □ 누구에게도 지지 않는 전문성을 가져라!
- □ 넓은 인간관계력을 형성하라!
- □ 경영자로서 힘을 길러라!
- □ 당연한 일을 꾸준히 해라!
- □ 솔직하게 자신을 알고 뭐든 배워라!
- □ 긍정적 자세로 성공한 변호사를 지향하라!

2 장

변호사시험에 돌파하라!

변호사시험 합격의 포인트

변호사시험을 어렵다고 생각마라

제가 사법시험을 처음 도전한 건 대학교 3학년 때의 일입니다. 그때부터 만 39세에 합격하기까지 내리 떨어졌습니다.

객관식 시험은 합격하는데, 다음 단계인 논문식 시험에서는 번번이 떨어졌습니다.

왜 그랬을까요?

이유는 단순합니다. 합격이 어렵다는 생각을 가지고 있었기 때문이지요.

그때까지 저는 '사법시험은 어렵다. 어려우니까 우수하지 않으면 합격하지 못한다. 그러니 답안에는 자신이 우수하다는 사실을 드러내지 않으면 안 된다.'라고 생각했습니다.

하지만, 그것은 완전히 틀린 생각이고, 사법시험은 우수하지 않더라도 합격하는 시험이었습니다.

합격을 하는 요령은 '당연한 것을 있는 그대로 쓰는 것'일뿐, '당연한 것을 어렵게 쓰는 것'이 아니었던 겁니다.

시험 중 최대의 난관이라 불리는 사법시험에서조차 당연한 것을 있는 그대로 쓰면 되는 것입니다. 그런데도 **저 스스로 가장 어려운 것으로 만들어두고 합격을 못하게 만들었던 것**입니다.

그것을 가르쳐준 이가 지금의 이토쥬쿠(伊藤塾)의 대표이신 이토 마코토(伊藤真) 씨였습니다.

사법시험에 합격하기 1년 전이었던 것 같습니다. 학원의 설날 강의에 참가했는데, 12월 28일부터 1월 3일까지 1주일 동안 아침부터 저녁까지 하는 이토 씨의 One Man 강좌였습니다. 정원이 약 백 수십 명 정도 되는 수업이었는데, 수강생으로 꽉 찰 만큼 성황이었습니다.

제가 강의에 참석했던 이유는 '섣달 그믐날이나 설날에 집에 있어 본들 공부도 잘 안 되는데다, 만약 그때 놀아버리면 끝'이라는 사실을 과거의 경험을 통해 뼈저리게 느끼고 있었기 때문입니다.

정말 의미 있는 강의였습니다. 그때까지 오랫동안 내 나름의 방식대로만 공부했기 때문에 자신의 공부법 중에서 어디가 잘못되었는지를 알지 못했습니다.

하지만, 수업을 듣고 나서 합격할 수 있는 최대 노하우인 '법률적 사고'와 '당연한 것을 있는 그대로 쓴다. 어렵게 생각하지 않는다.'는 것의 중요성을 깨달을 수 있었습니다.

성공한 변호사가 되기 위해

어렵게 생각하지 않는다!
당연한 것을 있는 그대로 쓴다
이것이 변호사시험에 합격하는 노하우이다

합격의 원리 ①「문제를 솔직하게 읽어라」

사법시험에 합격한 후 저는 몇몇 학원에서 강의를 했었습니다.

수험생 시절이 길었던 탓에 수많은 실패를 경험했습니다. 그렇기 때문에 합격하고서야 비로소 알게 된 것들이 많이 있었습니다. 저는 그런 합격 노하우를 가능하면 많은 사람들에게 가르쳐주고 싶었습니다.

학원에서 강의할 땐 인기강사가 된 적도 있습니다. 그도 그럴 것이, 수험경험이 길었으니 그만큼 노하우도 많았기 때문입니다. **수험에는 테크닉도 필요**하거든요.

제가 맡았던 강의 중에서 특히나 인기를 모았던 것은 '30점 합격 답안강의'였습니다.

이 강의에서는 2차 시험에 합격하기 위한 노하우로, 몇 가지 원리들을 가르쳐주었습니다. 그 중에서 가장 중요한 것이 '문제를 솔직하게 읽어라'와 '논리를 관철시켜라'였습니다.

여기서는 먼저, '문제를 솔직하게 읽어라'에 대해서 말씀드릴까요.

'문제를 솔직하게 읽어라'라는 것은 도대체 어떤 의미일까요?

가령, 60명이 제출한 답안에 점수를 매긴다고 칩시다. 그러면 그 중 10~20명 정도는 문제를 잘못 읽었다는 걸 알 수 있습니다. A를 묻고 있는데 A 이외의 것을 써놓는 겁니다. 왜 A 이외의 것을 쓰는 걸까요? A 이외의 것을 쓰게 되면 낙제답안이 될 수밖에 없는 데도요.

하지만, 그런 답안들은 매번 나왔습니다.

문제를 낼 때는 채점자가 반드시 써주었으면 하는 것들이 있습니다. 그것은 바로, 법률가라면 당연히 아는 사실이지요. 반대로 그걸 모른다면 합격하기 어렵겠지요.

저의 경험으로도 '어디가 나의 우수함을 증명할 수 있는 제일 자신 있는 분야로 연결될 것인가'라는 생각을 하고서 문제를 맘대로 해석한 후, 직감적으로 '이거다.'라고 생각한 다음에 당당히 낙제답안을 작성하곤 했습니다.

하지만, 그런 것을 묻는 게 아닙니다. '네 의견 따위는 필요 없다.'는 것이 사법시험의 원칙입니다. 즉시 감점대상이 되는 거지요.

문제를 읽었으면 무엇을 묻고 있는지 솔직하게 생각해야 합니다. 이것이 합격의 원리입니다.

성공한 변호사가 되기 위해

서술식 시험에서는
문제를 자기 식대로 해석하지 마라
솔직하게 읽고 답을 쓰도록 하라

합격의 원리 ②「논리를 관철시켜라」

수험생들의 답안에서 한 가지 더 눈에 띈 것은 '읽기가 힘들다.', '읽어봐도 무슨 말인지 모르겠다.'였습니다. 논조, 즉 논리를 갖추고 있지 못했습니다. 이쪽으로 갔다 저쪽으로 갔다, 한 마디로 논리가 사방으로 튀고 있는 겁니다.

법률이론은 논리에 기초해서 전개하는 것이기 때문에 논리가 없으면 안 됩니다.

문제를 솔직하게 읽은 후, 우선 '무엇이 문제되는지' 그 문제점을 지적해야 합니다.

그 다음에 '결론은 무엇인지. 그 이유는 바로 1, 2, 3 ……이다.' 라는 순서로 알기 쉬운 말로 써내려가야 합니다.

해석론상으로는 기본적으로 이것 이상을 쓸 필요는 없습니다.

다만, 사례문제인 경우에는 사례에서 도출한 문제점에 관한 해석론을 전개한 후, 그 해석기준에 따라 사례에서 제시된 구체적인 사실들을 적용해 나갑니다. 솔직하게 있는 대로 적용시키면 되는 겁니다.

이렇게만 하면 됩니다. 그런데도 대부분의 답안들은 그렇질 못합니다.

법률해석을 전개하는 경우에는 '본 논점에 관해서는 이리이러하게 생각한다. 그 이유는, 먼저 법률적인 근거로서 다음과 같은 조문을 들 수 있다. 혹은, 이러한 취지로 법률이 제정되었다. 그러한 취지에서 넓게, 또는 좁게 해석한다면 다음과 같이 될 것이고, 구체적인 점에서 보더라도 이는 타당하다고 할 것이다.'

이러한 식으로 쓰면 되는 겁니다. 만약, 반대이론을 쓰고자 하는 경우에는 '이것은 문제가 있다.'라고 지적한 후 동일한 논리대로 전개하면 되는 겁니다.

논리적인 문장을 쓰는 일은 연습만 하면 절대 어려운 일이 아닙니다.

과거에 출제되었던 문제를 가지고 답안을 작성한 후 그것을 남들에게 보여주어도 좋겠지요. 학원 강사나 수험생들 간에 서로 읽어보는 것도 괜찮은 방법입니다.

이런 식으로 논리가 있는 답안을 작성할 수 있도록 연습하는 겁니다.

성공한 변호사가 되기 위해

한 번 읽어 의미를 알 수 없는 문장은 쓰지 마라
논리가 있는 답안을 작성할 수 있도록
과거에 출제된 문제들을 가지고 연습하라

버릴 문제를 정하라

지금 변호사시험과는 사정이 다를지 모르지만, 원칙적으로 객관식 시험은 지식의 양에 좌우될 뿐입니다. 지식을 묻는 문제는 어떤 식으로든 공부해서 기억하는 수밖에 없습니다.

그리고 한 가지 더, '버릴 문제'를 찾아내는 기술을 익혀야 합니다. 이 두 가지가 객관식 시험에서 합격하는 노하우입니다.

객관식 시험에서는 정해진 시간 내에 상당수의 문제를 풀지 않으면 안 됩니다. 그렇기 때문에 처음부터 순서대로 풀기시작하면 제한시간 내에 마지막 문제까지 못 푸는 경우가 많습니다.

객관식 시험은 시간과의 싸움, 즉 자신의 심리상태와의 싸움입니다.

시간적인 여유를 만들 수 있느냐, 바꾸어 말해서 초조감을 없앨 수 있느냐가 합격 여부를 좌우합니다.

왜냐하면, 마지막까지 침착하게 똑같은 시간 간격을 두고 풀어나간다면 충분히 합격할 수 있는 사람도 종료시간에 가까울수록 조금씩 초조해지기 때문입니다.

초조감을 느끼기 시작하는 순간 지는 겁니다. 문제를 꼼꼼히 읽었다고 생각하지만, 조바심을 내기 시작하면 실제로는 정확히 읽지 못하는 사태에 직면합니다.

그 결과, 자신의 본래 실력을 충분히 발휘하지 못해서 '불합격'

처리되는 겁니다.

중요한 건 합격하는 겁니다. 객관식 시험은 일정한 점수만 득점하면 반드시 합격합니다. 합격만 하면 되는 거니까, 버릴 문제를 정해서 시간적인 여유를 만들지 않으면 안 됩니다.

버릴 문제란, 답을 찾는 데 시간이 걸릴 것 같은 문제는 건너뛰는 것, 즉 그런 문제는 버리고 답을 찾는 데 시간이 많이 안 걸리는 다음 문제로 넘어가는 '수험 테크닉'을 말합니다.

문제를 딱 보고, 직감적으로 시간이 걸릴 것 같다는 느낌이 들었다면 그 문제는 건너뛰세요. 문제들 중에는 읽지도 말고 그냥 버려야 할 문제들이 있습니다. 예컨대, 문장이 너무 길어서 시간이 많이 걸릴 것 같은 문제들 말입니다.

'문제를 버리는 것'만 가능해지면 초조해지는 일 없이 여유를 가지고 마지막 문제까지 침착하게 풀 수 있습니다. 남은 시간은 답을 한 번 더 체크해 본다거나 버린 문제들을 다시 풀어보는 데 사용하면 됩니다.

성공한 변호사가 되기 위해

객관식 시험은 시간과의 싸움
초조해지는 순간 지고 만다
버릴 문제를 정해서 여유를 만들어라

채점자 입장에서 생각하라

제가 고시생시절 느꼈던 점인데, 답안을 작성하는 방법은 답안 연습 등을 통해 훈련을 쌓아가며 익히는 수밖에 없습니다. 과거에 출제된 문제들이 있으므로 그것을 이용해도 좋겠지요.

저도 마지막 1년 동안은 철저히 답안을 작성하는 연습을 했습니다. 그것도 완벽한 답안을 작성하는 것이 아니라, **답안을 구성하는 방법을 중심으로 연습했습니다**.

답안을 작성하려면 초안 답안을 한 번 써볼 필요가 있습니다. 그것이 바로 여기서 말씀드릴 답안 구성입니다.

2차시험에서는 초안 답안용으로 아무것도 쓰여 있지 않은 종이를 나눠줍니다.

먼저, 그 종이 한 중간에 일직선으로 선을 그으세요. 그 다음에 문제를 읽은 후 백지 왼쪽에 가설을 써내려 갑니다. ① ○○에 대하여, ② ××에 대하여, ③ △△에 대하여, 라는 식으로 말이죠. 이어서, 용지 오른쪽에 각각에 대한 문제점, 결론, 이유, 반론 등을 쓴 후, 대강의 골자를 작성해 나갑니다. 이때, 나중에 기억나지 않으면 안 될 중요한 사항들에 대해서는 메모가 아니라, 또렷한 문장으로 정리해 둡니다.

이것이 답안구성입니다.

답안구성은 **'채점자가 무엇을 요구하고 있는지'**를 염두에 두고

작성하세요.

전에, 사법연수원 교수님 한 분에게서 이런 이야기를 들은 적이 있습니다.

2차시험에서는 문제를 잘못 읽으면 떨어지니까, 실수를 범하지 않도록 '이쪽으로 가시오' 라고 친절히 유도해 주는 문장을 꼭 넣어 둔다. 그런데도 굳이 다른 문제로 바꿔치기하는 수험생들이 있다. 그렇기 때문에 떨어뜨릴 수밖에 없는 것이다.

지금은 사례문제가 많아졌기 때문에 그때와는 약간 사정이 다를 수도 있습니다만, 설사 사례방식이라 하더라도 문제를 꼼꼼히만 읽어보면 '포인트는 바로 여기'라고 채점자들이 요구하고 있는 것을 알 수 있게 출제하고 있을 겁니다.

법률의 기초만 확실히 공부해 두었다면 바로 알 수 있을 겁니다. 그때를 위해 머리를 만들어두는 것이 평소의 공부입니다.

성공한 변호사가 되기 위해

시험에서 자신이 만든 학설은 쓰지 말 것
채점자가 요구하는 것이 무언지를 알아차리고
정확하게 기술하라

각오를 다져라

'마지막 2년은 진짜 열심히 공부하더구나'

합격한 후 어머니가 이렇게 말씀하시더군요. 어머니는 당시, 제 진짜 모습을 보고 계셨던 겁니다.

그러면 그때까지 십여 년 동안은 어땠다는 말씀일까요?

세무사이신 아비지 일을 오랫동안 도와드렸기 때문에, 하루에 기껏해야 3~4시간 정도를 공부했습니다. 그 후, 사법시험전문 연구실에 들어가 공부시간을 늘였지만, 그래도 진지함은 여전히 부족했습니다. 그러나 마지막 2년 동안은 달랐습니다.

필사적인 심정으로 공부했습니다. 시험에 거는 '각오'가 달랐던 겁니다.

응시를 반복하는 동안 '떨어진다는 공포감' 때문에 바들바들 떨었습니다. 정신적으로 막다른 데까지 내몰린 겁니다.

그때, 어떤 각오가 생겼습니다. **'지금부터 2년 동안은 필사적으로 공부하자. 그래도 합격 못하면 사법시험은 내게 안 맞는 거다. 그땐 다른 직업을 찾아보자'**

기장대행(記帳代行)을 하면서 회계나 계산만 줄창 해대는 세무사가 되기는 싫었기 때문에 전문기술학원 팸플릿을 모으면서, 만약 떨어지면 침구학원에나 가겠다고 결심했습니다. 침구사는 사람을 도와주는 일인데다, 저 자신도 요통으로 고생했을 때 효과를 많이 봤기 때문입니다.

이런 적도 있었습니다.

와세다대학에서 객관식시험을 쳤을 때의 일입니다. 시험 전에 볼일을 보려고 화장실에 갔습니다. 그런데 거기서 그때까지 느낀 적이 없었던 엄청난 공포감에 휩싸였습니다.

전신이 부들부들 떨리면서 '내 인생은 여기서 끝인가 보다'라는 생각에 도저히 화장실에서 나올 수가 없었습니다. 그때, 여러 가지 생각들과 갈등이 머리를 맴돌았습니다.

그러다 문득 이런 생각이 들더군요.

'무슨 일이 생긴다면 그땐 밑바닥부터 다시 하면 되는 거 아닌가'

그러자 배짱이 생겼습니다. 끝까지 한번 해보자고 각오를 다졌습니다.

성공한 변호사가 되기 위해

시험은 기한을 정하라
각오를 하고 덤벼들어라
믿기지 않는 힘이 솟아날 것이다

빨리 합격하라

지금의 저를 지탱하고 있는 것은 오랫동안 해왔던 한심한 고시생활입니다. 부모님을 고생시켜 드렸고, 사회에도 전혀 기여하지 못한 데 대한 반성들이 지금 제게는 플러스로 작용하고 있습니다.

하지만, 그렇다고 해서 장기간의 고시생활을 권유하는 것은 절대 아닙니다. 시험에 빨리 합격하는 것보다 좋은 건 없습니다.

시험 때문에 고생할 필요가 뭐 있습니까? 빨리 합격할수록 사회에도 공헌할 수 있고 말이지요.

다만, 제 경우에는 고생했던 만큼 플러스로 전환된 것이 아닌가 하는 생각이 들뿐입니다.

수험생활을 너무 오래 하다 보면 합격하기 힘든 체질로 변질되는 듯합니다.

서른 살 무렵의 일입니다. 당시, 사귀고 있던 여자친구와 함께 2차시험 발표를 보러 갔습니다. 물론, 결과는 불합격이었습니다.

그것을 보고 저는 '아, 불합격이구나. 뭐, 그렇지만 또 내년이 있는데 뭐' 라고 생각하면서 평소와 다름없이 행동했습니다. 그렇지만 여자친구는 달랐습니다.

눈에 눈물을 가득 머금고 '자기는 절실하지 않은 거야?' 라는 말을 꺼내는 겁니다. '정말 열심히 공부했는데 불합격한 것이라면 그렇게 표정이 밝을 리 없잖아. 진짜 착실히 살고 있는 거 맞아?' 라고 하면서요.

만약에 제가 다시 태어날 수만 있다면 수험에 쏟아 부은 그 많은 시간들을 훨씬 더 적극적이고 긍정적인 일들에 사용하고 싶은 마음 간절합니다.

그렇다 한들, 저의 오랜 수험생활은 엄연히 존재하는 과거입니다. 저는 제 과거를 부정하지도 않을 뿐더러 후회하지도 않습니다. 물론, 변호사가 된 후에도 그때 이렇게 했다면 좋았을 걸이라고 생각하는 때는 있습니다.

하지만, 그것을 후회해 본들 무슨 소용이 있겠습니까. 사람은 미래를 향해 현재를 살아갈 수밖에 없는 존재니까요. 무슨 일이든 긍정적으로 생각하면서 어려움을 극복해 가십시오.

성공한 변호사가 되기 위해

수험생활은 오래 끌지 마라
시험 때문에 고생하지 마라
빨리 합격해서 사회에 공헌하라

로스쿨은 최고의 만남의 장

2004년부터 신사법시험제도가 시작되었습니다.[5] 법과대학원(로스쿨)을 거쳐서 변호사로 진출하는 방법입니다.

앞으로 로스쿨에 입학하려는 사람, 혹은 이미 로스쿨을 다니고 있는 사람들에게 꼭 당부하고 싶은 말은 로스쿨에서 '스승'과 '친구'를 꼭 발견하라는 겁니다.

로스쿨 교수님들 중에는 우수한 분들이 아주 많습니다. 대학교수님들, 실무출신의 전문가들 … 등등. 이 분들은 각 전문분야에서 손꼽히는 우수한 법률가들일뿐 아니라, 예외 없이 굉장한 인맥들을 가지고 있습니다. 이들은 모두 법조계에서 선발된 분들이지요.

스승을 찾는, 혹은 찾게 해주는 단서를 제공하는 장소로 로스쿨을 능가할 만한 곳은 없을 겁니다.

스승을 갖게 되면 자신이 진정으로 되고 싶은 법조인상을 쉽게 이미지화할 수 있습니다.

가령, 옛날 저처럼 스승이 회사법을 가르치셨기 때문에 저 역시 회사법을 전문으로 해보겠다는 생각을 하게 되고, 스승이 어느 분야에서 제1인자로 통하셨기 때문에 저 역시 어떤 분야든 1인자가 한 번 돼보자는 생각을 하는 것과 똑같습니다.

---

5) 한국은 2009년부터 로스쿨 제도가 시행되었고, 2012년부터 변호사시험이 시행되고 있다(역자 주).

장래에 되고 싶은 모습을 발견했다면 절반은 성공한 겁니다.

스승을 발견했으면 그 사람에게 바짝 들러붙어, 그가 가진 전문성이나 법조계에서 성공할 수 있는 엣센스를 철저히 빨아들이십시오.

그와 동시에 횡적인 유대, 즉 동기나 선배들과의 관계도 소중히 하십시오. 마음 맞는 사람이나 우수한 사람들과 서클을 만들기도 하고, 개인적으로 교제도 해가면서 평생의 친구를 얻는 겁니다.

장래에 같은 업계에서 일을 할 동료들이므로 서로 돕고 격려하면서 일할 수 있습니다. 또, 우수한 사람, 성실한 사람들끼리 힘을 합치면 똑같은 일을 혼자 할 때보다 훨씬 플러스 알파(plus alpha)의 효과가 나올 겁니다.

로스쿨은 스승과 친구를 만날 수 있는 최고의 장소입니다. 공부는 물론이고, 많은 사람들과 교류함으로써 성공한 변호사의 기초체력을 다지세요.

성공한 변호사가 되기 위해

로스쿨에서는
공부뿐 아니라 '스승'과 '친구'를 찾아내라
그것이 장래에 재산으로 이어진다

2장의 포인트

- □ 변호사시험을 어렵다고 생각하지 말 것!
- □ 문제를 솔직하게 읽어라!
- □ 논리 일관된 문장을 써라!
- □ 객관식 시험에서는 버릴 문제를 정하라 !
- □ 채점자가 요구하는 바를 써라!
- □ 기한을 설정하고 각오를 다져라!
- □ 하는 둥 마는 둥 세월만 보내지 말고 빨리 합격해라!
- □ 로스쿨에서 '스승과 친구'를 만나라!

3 장

성공한 변호사의 토대를 다져라!

고용변호사 시절을 잘 보내는 방법

고용변호사 시절에 최선을 다하는 것이 모든 것을 결정한다

변호사시험에 합격한 후 수습생활까지 끝내고 나면, 드디어 실무로 들어갑니다. 대부분의 사람들이 어딘가의 법률사무실에서 근무하게 되겠지요.

말하자면, 고용변호사(새끼변호사, associate라고도 함)가 되는 겁니다.

고용변호사 시절에는 여하튼 바쁩니다. 일 더미에 파묻혀 공부할 시간 따윈 엄두도 못 낼지 모릅니다. 하지만, 처음엔 그렇게 지내도 괜찮습니다.

눈앞에 놓인 사건을 소중히 여기세요. 야무지게 처리하세요. 절대로 대충대충 하지 마세요.

그렇게 하면서 일의 기초를 익히는 겁니다.

고용변호사 시절에는 대표변호사가 주는 일을 하는 것이 기본입니다. 하지만, 그렇게 하면서 다양한 인간관계가 형성되고, 점차 개인사건도 맡게 되는 겁니다.

여하튼, 일단은 눈앞의 일에 전력을 다하세요.

가까운 시일 내에 독립할 생각을 하고 있는 사람이라도 마찬가지입니다.

오늘 수임한 사건이나 독립해서 수임하는 사건이나 똑같은 소송사건이고 똑같은 교섭사건이므로, 야무지게 열중해서 일을 배우세요.

그런 다음에 자신의 사건을 하는 겁니다. 때문에 토요일, 일요일에도 일을 해야 하고 해지기 전에 귀가한다고는 꿈도 못 꾸는 시기가 있을지 모릅니다.

하지만, 그때가 바로 최선을 다 할 때입니다. 그때 했던 노력들이 훗날 반드시 꽃피울 날이 올 겁니다.

제 경우에는 고용변호사 시절, 어느 회사에서 의견서 작성을 의뢰해온 적이 있습니다. 그 일은, 그 회사에서 처음으로 제게 개인적으로 맡긴 일이었습니다. 하지만, 월요일부터 금요일까지는 사무실 업무 때문에 도저히 시간을 낼 수가 없었습니다. 그렇다고 해서 절대로 일을 대충대충 처리하지는 않았습니다. 얼마간 토, 일요일을 반납한 채 필사적으로 의견서를 완성했습니다. 이것이 나중에 상당히 좋은 평판을 얻었습니다.

그 후, 위 회사와는 개인적인 클라이언트로 계속 인연을 맺고 있습니다.

성공한 변호사가 되기 위해

고용변호사시절의 고생은
사서라도 하라!
그것이 성공한 변호사로 되는 토대가 된다

하찮은 일도 마다하지 마라

저는 독립할 때까지 두 군데 법률사무소에서 고용변호사로 일했습니다.

처음 근무했던 사무소는 대표변호사(보스변호사), 선배 고용변호사, 여직원, 그리고 저까지 4명뿐이었습니다.

작은 사무실이었던 탓에 무슨 일이건 제가 하지 않으면 안 되었습니다.

아침에는 누구보다 빨리 사무실에 출근해서 물을 끓이고 책상 위를 깨끗이 치웠습니다.

차를 내오는 일부터 뒷정리, 설거지, 전화 받는 일까지 여러 잡다한 일들을 해치웠습니다. 그것이 신참인 제가 한 일이었습니다. 저항감 따위는 전혀 느끼지 않았습니다.

달리, 누가 해줄 사람도 없었기 때문에 스스로 할 수밖에 없었지요.

두 번째 사무실로 옮긴 후에도 달라진 건 없었습니다.

가장 먼저 출근해서 물을 끓이고 사무실을 깨끗이 청소했습니다.

물 끓이는 일은 독립한 후에도 10년 가까이 계속했는데, 사무실 직원들이 '변호사님, 그건 저희들이 할께요' 라는 말을 듣고서야 그만두었습니다.

변호사니까 '이건 하고, 이건 안 한다.', 직원이니까 '이건 하고, 이건 안 한다.'라는 식의 발상이 제겐 없습니다.

시간이 있으면 변호사라도 도와야 한다는 것이 제 철학이랄까요.

안타깝게도 변호사들 중에는 '나는 변호사야!', '변호사 업무와 상관없는 일은 니들이나 해라!'라는 식으로 젠체하는 사람들이 있습니다.

하지만, 생각해 보세요. 저희들이 하는 일은 여러 사람이 받쳐줄 때 비로소 가능해는 것들입니다. 변호사가 잘 났다고 생각한다면 그건 큰 오산입니다.

자기 자신부터 솔선해서 뭐든 도와야 합니다. 그렇게 해 보았을 때 앞에서 말한 당연한 사실들을 깨닫게 됩니다. 주변 사람들에 대한 배려와 감사를 잊어서는 안 됩니다.

성공한 변호사가 되기 위해

차나르기, 바닥청소, 전화받기……
하찮은 일들을 해봐야
주변 사람들에 대한 고마움을 알게 된다

하찮은 일을 통해서 일의 기초가 닦인다

고용변호사 시절, 차 나르는 일에서부터 사무실 청소에 이르기까지 무슨 일이건 솔선해서 했다는 건 앞에서 말씀드렸습니다.

그 외에도 우체국에 내용증명을 부치러 가거나 법원에 소장을 제출하는 일, 어떤 때는 예금을 인출하러 은행에 갔던 적도 있습니다.

이런 하찮은 일들은 변호사가 굳이 하지 않아도, 누구나 할 수 있는 일인지도 모릅니다.

하지만, 지금 와서 되돌아보면 '해봐서 다행이다.'라는 생각이 듭니다.

여러 분들은 내용증명을 어떻게 부치는지 알고 계십니까?

저는 몰랐기 때문에 직원에게서 배웠습니다. 어떤 일이건 직접 실제로 해봐야, 그제서야 '아, 이렇게 하는 거구나' 하고 알게 됩니다.

큰 규모의 법률사무실에서는 배달업무(Delivery)만 전문적으로 담당하는 직원들이 있기 때문에 직접 내용증명을 부치러 간다거나 소장을 제출하러 갈 기회는 없을지 모릅니다.

하지만, '방법을 알고 안 하는 것'과 '모르고 해본 적도 없는 것'과는 천양지차입니다.

제 경우에는 작은 사무실에서 근무했기 때문에 모두 제가 하지 않으면 안 되었습니다. 하지만, 그것이 커다란 플러스로 작용했다고 생각합니다.

앞에서도 썼지만, 하찮은 일이나 잡다한 것들을 직접 해봄으로써, 다른 사람이 있기 때문에 자신도 존재한다는 사실을 깨닫게 됩니다. 그러면 사람을 더 잘 알 수 있게 됩니다. 사람의 마음도 알게 됩니다. 훗날, 사무실 경영자로서 여러 직원들을 움직이는 입장이 되었을 때, 이러한 경험들은 반드시 활용될 겁니다.

또, 변호사업무의 기본을 하나부터 차근차근 배울 수 있기 때문에 '행여 만약의 경우가 생기더라도 혼자 할 수 있다!'는 자신감으로 연결됩니다. 고용변호사 시절에는 어떤 하찮은 일이라도 적극적으로 매달리세요. 그것을 통해 성공한 변호사로 되는 기본이 갈고 닦입니다.

성공한 변호사가 되기 위해

하찮은 일이라도 기꺼이 떠맡아라
변호사로서의 기초와 인간성을
닦아 준다

처음엔 단가 낮은 일부터 처리해라

고용변호사 시절에는 사무실 내의 변호사님이 준 사건을 처리하면서 개인사건도 맡게 될 겁니다.

그때, 개인적으로 수임한 사건의 대부분은 사회적 인지도가 떨어지고 단가도 낮은 것들이 대부분일지 모릅니다. 하지만, 저는 그래도 된다고 생각합니다.

처음 5년에서 6년 동안은 금전적으로 윤택하지 않은 편이 변호사로서는 플러스로 작용하기 때문입니다. 별로 대단한 경험도 없는데 큰돈이 뚝 떨어지면 그 다음에 사건을 선택할 때는 '금전'만 기준으로 삼게 돼서, 변호사의 기본을 닦을 수 있는 사건을 경험할 수가 없게 됩니다.

장기적으로 보고 착실하게 해나가는 쪽이 승리하게 돼있으니까요.

또, 단가가 싼 사건일지라도 많이 모이면 제법 상당한 액수가 되는 법입니다. 만약, 혼자서 처리 못할 정도의 일이 몰렸을 경우에는 일단은 거절하지 말고 수임한 후에 신뢰할 수 동료들에게 부탁하면 되는 겁니다.

젊은 세대의 변호사들에게 50만 엔이나 100만 엔, 혹은 200만 엔이라는 보수는 분명 큰돈일 겁니다.

하지만, 사실 이런 돈은 성공한 변호사가 되면 즉시 만회할 수 있는 금액이기도 합니다.

이런 사실을 모른 채 사소한 걸 과대평가하면 '목적과 수단이 전도되고 마는 일'이 생길 수 있습니다.

저는 신참 시절부터 '돈, 돈' 하는 사고방식에는 찬성하기 어렵습니다.

좋은 일을 해서 사회에 공헌하게 되면 금전은 뒤따라오기 마련입니다.

그러한 상태로 되기까지, 자잘한 사건도 있을 것이고 어느 정도 좋은 사건도 분명 있을 겁니다. 하지만, 어떤 사건이건 최선을 다해 열심히 했을 때 인간적 가치도 높아지고 신뢰도 쌓이게 돼서, 차츰 '양질의 사건'도 들어오게 되는 겁니다.

그러다 어느 순간, '드디어 나도 이런 굵직한 사건을 다 맡는구나' 라고 깨닫게 되는 겁니다.

성공한 변호사가 되기 위해

처음부터 돈만 좇지 마라!
작은 사건부터 신뢰를 쌓아가면
자연히 굵직한 사건도 들어오게 된다

선배들에게 가르침을 청하라

업무와 관련해서 잘 모르는 것이 있으면 주저 말고 주변 선배들에게 가르침을 청하세요.

저도 내용증명을 쓰는 방법에서부터 소장을 쓰는 방법에 이르기까지, 변호사의 기본적인 업무에 관해서는 모두 선배 고용변호사님들에게 배웠습니다. 똑같은 고용변호사라도 2, 3년 정도 먼저 경험을 쌓았다면 변호사로서의 실력에는 커다란 차이를 가져오거든요.

제 선배 중 한 명은 사회생활을 경험한 후 사법시험에 도전해서 변호사가 된 사람이었는데, 가르치는 방식도 꼼꼼하고 알기도 쉬웠습니다.

때문에, 무슨 일만 있으면 바로 그 분에게 달려가 상담하곤 했지요.

반면에, 대표변호사님께는 여쭤보기가 참 힘들었습니다.

처음부터, 대표변호사님의 인격에 이끌려 그 사무실에 들어가겠다는 결정을 했었기 때문에 '대표변호사님이 어려웠던 것'은 아닙니다.

아마도 '바쁜 대표변호사님에게 이런 간단한 것까지 여쭙기는 황송하다.'라고 생각해서, 미리 조심했던 것 같습니다.

지금 생각하면 정말이지 어리석은 일이었지요.

'뭐든 물어볼 수 있는 것'은 신참만의 특권입니다. '성공한' 변호사에게도 필요한 일이고요.

저처럼 대표변호사님으로부터 직접 배우는 것이 어렵다면 뭐든 물어볼 수 있는 선배들을 찾아가 상담하십시오.

또, 변호사 선배들뿐 아니라, 사무실 직원분들에게도 배울 점이 많습니다. 이점은 이미 '하찮은 일을 통해서 일의 기초가 닦인다.'에서도 말씀드렸습니다.

신참 시절에는 뭐든 공부의 연속입니다.

선배들의 가르침을 나름 흡수해서 변호사로서의 기초를 쌓아가세요.

가르침을 청했을 땐 '감사합니다.'라는 말 한 마디도 부디 잊지 마세요.

성공한 변호사가 되기 위해

모르는 것은 선배들에게 물어봐라
질문하는 것을 주저하지 마라
가르쳐 주었을 땐 감사하다는 말도 잊지 마라

미래의 자신에게 투자하라

고용변호사 시절에는 적극적으로 자신에게 투자를 하세요.

변호사가 되고 나서 얼마 동안은 눈앞에 놓인 일만으로도 정신없을지 모릅니다. 그렇더라도 어떻게든 시간을 내서 적극적으로 세미나나 연구회 등에 참석하도록 하세요.

반드시 뭔가 하나는 배울 게 있을 겁니다.

저도 고용변호사 시절에는 물론이고, 독립하고 나서도 많은 세미나에 참석하고 있습니다. 연간 50군데를 넘게 갔던 적도 있습니다.

저는 과거부터 늘 저금하기 위해서 돈을 모을 거라면, 차라리 세미나에다 그 돈을 사용하는 편이 낫다고 생각하는 사람입니다. 사실, 저의 경우 고용변호사 시절에만 **어림잡아 1,000만 엔 이상을 세미나에 쏟아 부었습니다**.

변호사가 가지고 있어야 할 지식이나 경험이 아무것도 없었기 때문에, 어찌됐건 공부하는 도리밖에 없었지요.

특히, 저는 연령에서 오는 핸디캡도 짊어지고 있던 터라 필사적이었습니다. 무조건 전문지식을 익혀 보려고 최선을 다했습니다.

지금 뒤돌아보더라도 이런 판단은 옳았다는 생각이 듭니다.

여러 분도 법률에만 매달리지 마시고 회계건 경영이건, 아무튼 흥미나 관심이 가는 강좌가 있으면 뭐건 일단 들으러 가십시오.

'정말 도움이 될는지 몰라서 망설이고 있다.'

이런 생각 때문에 강의 들으러 가는 걸 주저하는 사람이 있을지도 모릅니다.

분명, 그 중에는 그다지 도움이 안 되는 세미나도 있을 겁니다. 하지만, 그건 실제로 들어봐야 알 수 있는 것 아닐까요. 투자해보지 않으면 쓸모가 있는지 없는지도 알 수 없으니까요.

무엇보다 중요한 건, 자신에게 정말 의미있는 강의를 발견하는 겁니다. '100**개 중에 하나나 둘, 도움 되는 게 있기만 하면 된다**'

이렇게 생각하면서 저는 뻔질나게 세미나에 참석하고 있습니다.

그 결과, 쿠보리 변호사님을 만나 뵙게 됐고, '회사법'이라는 전문성도 획득할 수 있었던 겁니다.

성공한 변호사가 되기 위해

저금할 돈이 있으면
자신에게 투자해라
훗날, 몇 배로 되돌아올 것이다

전문성을 가져라

성공한 변호사가 되기 위한 첫 번째 조건이 자신에게만 있는 '전문성'을 갖는 일입니다.

제가 전문성을 가져야 하는 중요성을 깨달은 건, 고용변호사 시절이었습니다. 버블경제가 붕괴하면서 세상이 한꺼번에 불경기에 빠졌을 무렵이었지요. 그 후 어떻게 되었을까요? 동시에 사무실 수임건수도 큰 폭으로 줄었습니다.

그때 생각했습니다.

'뭐 하나라도 전문분야를 갖지 못하면 이 세계에선 살아남을 수 없겠다.'

이렇게 말은 하지만 전문성이 하루아침에 생겨나는 일이겠습니까.

마침 그때였습니다. 한 곳에서 M&A 의뢰가 날아들었습니다. 그 사건은 세금문제가 상당히 골칫거리였는데, 우선 저는 세금에 관해서 조사해보기로 했습니다. 그러자 의외의 사실을 알게 되었습니다.

즉, 세금문제에 밝은 변호사가 거의 없다는 사실 말이지요.

세금문제가 열쇠를 쥐는 사건을 의뢰받았건만, 전문가가 거의 없다니. 어떻게 하면 좋을까? 그럼, 좋다. 세금에 관해 잘 아는 사람이 없다면 내가 공부해서 그 쪽 전문가가 되면 되는 거 아닌가.

이렇게 생각한 후 저는 바로 세법공부를 시작했습니다.

당시까지만 해도 이 사건이 저의 전문성을 열어줄 찬스가 되리라고는 생각지도 못했습니다. 그저 해야 할 일을 필사적으로 했을 따름이었지요. 그것이 어느 사인가 제 전문이 돼버린 겁니다.

고용변호사 시절에는 주어진 사건을 처리하는 데만도 힘에 부칠지 모릅니다. 하지만, 그저 사건을 흘려보낼 것이 아니라, 그 주변을 조금만 탐색하고, 조금만 깊이 탐구해 보세요. 그러면 새로운 가능성이 보일 겁니다.

설사, 아무 것도 찾아내지 못했더라도 공부한 것들은 나중에 반드시 활용할 기회가 옵니다.

다른 사람들보다 조금만 더 넓게, 혹은 더 깊이 파보세요. 이것이 훗날 당신에게 전문성으로 이어질 것입니다.

성공한 변호사가 되기 위해

사건을 그저 처리하지만 말고
조금 더 넓게, 조금 더 깊이 탐구해 보라
그것이 전문성을 획득하는 일로 연결될 것이다

전문성을 익히는 방법

전문성은 책을 통해 공부하는 것만으로도 익힐 수 있는 것과 실천을 통해 경험을 쌓아야 익힐 수 있는 것의 두 가지가 있습니다.

결국에 가서 중요한 건, 실천 쪽입니다.

책만 읽으면 뭐든 할 수 있는, 그런 건 세상에 없습니다.

실제로 소송을 해보면 도중에 흐름이 바뀌기도 하고, 교과서에는 쓰여 있지 않았던 논점들을 가지고 싸우는 케이스들이 나타나기도 하고, 어떤 때는 예상외의 것들이 문제가 돼서 등장하기도 합니다. 그리 되면, 책으로만 공부했던 사람은 무엇을 어떻게 하면 좋을지 모르게 됩니다.

또, **공부만 줄기차게 해본들 정작 사건이 안 들어온다면 아무짝에도 쓸모 없겠지요**.

새로운 법률이 생겼다고 칩시다. 그런데 그것을 아는 사람은 아직 아무도 없는 겁니다. 그렇다면 열심히 공부해서 그에 관련된 책이나 논문을 쓴다면 선구자가 될 수도 있지 않을까요. 또, 선구자에게는 여러 사람들이 질문을 해댈 겁니다. 그에 대해서 하나하나 대답을 해준다고 칩시다. 그러는 동안 응용력도 생겨, 결국엔 진정한 전문가로 성장해 나가는 겁니다. 다만, 이렇게 되는 사람들은 정말 손에 꼽을 정도겠지요.

그래서 **여러 분들께 권하고 싶은 건, 일로 접근하는 방법입니**

다. 그러면 자연히 실천적인 공부도 가능해질 겁니다. 이건 제가 '세법'을 공부했을 때 했던 방법입니다.

일을 가지고 접근하게 되면 그 속에서 자신이 공부해서 익혀야 할 부분이나 다른 사람들의 힘을 빌려야 하는 부분이 있다는 것을 깨닫게 됩니다. 이미 전문가가 존재하는 분야에 대해서는 자신이 공부해서 아는 것보다는 전문가인 그 사람들에게 부탁하는 것이 효율적입니다.

어느 일정한 분야의 전문가들을 끌어 모을 수 있고, 또 그런 인간관계를 가지고 있다는 것도 전문성의 하나라고 저는 생각합니다.

전문성을 익히는 데 있어서 한 가지 더 중요한 사실이 있습니다. 바로, 물고기가 있는 곳에 배를 대고 낚시를 하라는 겁니다. 의뢰인이 없다면 일로 이어지지도 않을 거니까요.

성공한 변호사가 되기 위해

전문성은
실천을 통해서 익혀라
책상 위에서 하는 공부에는 한계가 있다

사무실 크기는 상관없다

여러 분들 중에는 작은 사무실에서 일하고 있어서 '성공한 변호사가 되지 못한다.'고 생각하시는 분은 행여 안 계신가요?

그건 정말이지 큰 오산입니다. 한 마디로 잘못된 생각입니다.

어디에 들어갔건 성장할 사람은 성장하게 돼있습니다. '어디 어디 사무실에 들어갔다.'라는 이야기보다는 그 후에 어떻게 최선을 다하느냐가 중요합니다.

실제로 대규모 법률사무실에서 독립해 나온 선배들 중에도 잘된 사람과 그렇지 않은 사람들이 있는 걸 보면 잘 알 수 있습니다.

중요한 건, 본인의 마음가짐입니다.

저는 남들보다 상당히 뒤쳐져서 법조계에 들어갔습니다. 그렇기 때문에 늘 이렇게 뒤져서야 되나 라는 향상심을 가지고 부단히 노력했지요. 가장 중요한 게 이 점입니다.

애초에 저는 개인사무실이나 고용변호사 몇 명과 직원이 한 명 정도 있는 소규모 법률사무실에 들어가고 싶다는 생각을 했습니다. '월급도 고만 고만 받을 수 있으면 된다. 돈도 그다지 상관없다.'라고 말이지요.

실제로 제가 처음에 근무했던 곳은 다 합쳐도 4명밖에 안 되는 작은 법률사무실이었습니다. 그곳에서 저는 사회인으로서의 매너와 변호사로서의 기초를 배웠고, 또 '세법'이라고 하는 자신이 나아가야 할 길, 즉 전문성을 익힐 수 있었습니다.

작은 사무실이라도 얼마든지 기회는 있습니다. 공부할 기회도 있습니다.

중요한 건 본인에게 진짜 의욕이 있느냐, 이러이러하게 살고 싶다 라는 확고한 '꿈'과 '의지'가 있느냐 하는 점입니다.

그것만 있다면 반드시 길은 열리게 돼있습니다.

사무실이 크냐 작으냐는 상관없습니다. 어디에 있건 반드시 기회는 있는 거니까요.

기회가 다가왔을 때 그것을 움켜잡기 위해서 자신을 업그레이드(upgrade)하려는 노력을 잠시도 멈추지 마십시오.

성공한 변호사가 되기 위해

기회는 누구에게나 다가온다
사무실이 작다고 한탄하기 전에
자신을 업그레이드하려는 노력을 하라

3장의 포인트

- □ 고용 변호사시절에 변호사의 기초를 닦아라!
- □ 하찮고 보잘 것 없는 일을 통해 인간성을 닦아라!
- □ 배우고 익힐 시기에는 돈만 좇지 마라!
- □ 신참시절에는 선배들에게서 무엇이든 들어라!
- □ 자신에게 투자하는 데 돈을 아끼지 마라!
- □ 사건을 넓고 깊게 파헤쳐라!
- □ 전문성은 사건을 통해 익혀라!
- □ 어디에 있든 장차 다가올 기회에 대비하라!

4 장

독립해서 성공한 사무실을 만들어라!

법률사무실의 경영기법

독립의 타이밍

'나는 독립해야 된다.'

당신에게 이런 생각이 들었을 때, 그때가 바로 독립할 때입니다. 그때 수입이 어느 정도 되건 상관없습니다.

대부분의 사람들은 재정적인 기초를 튼튼히 다진 후에 독립하는 것 같습니다.

가령, 어느 정도 의뢰인을 확보하고 있으니 매달 일정한 수입은 기대할 수 있다거나, 이미 몇 건 정도 사건을 수임해 두었으니 당분간은 이걸로 먹고 살 수 있다거나 하는 등으로 말이지요.

이런 단계까지 다다른 후에야 독립하는 분들이 많은 듯합니다. 하지만, 그리 되려면 상당한 시간과 경험이 필요합니다. 아마도 10년 가까이는 걸리지 않을까요.

저는 4년 만에 독립했습니다. 당연히 장래에 대한 전망을 가지고 독립한 것은 아니었지요.

계기가 됐던 건, 몸담았던 사무실의 경영방침에 의문을 가졌기 때문입니다.

독립하고 나서야 비로소 깨달은 게 있습니다. 그건 바로, 독립을 하게 되면 응원해 주는 사람들이 늘어난다는 것입니다. 그때까지 사무실을 통해서 인맥을 형성했던 기업들이 고문변호사를 시켜주기도 하고, 때론 개인적인 의뢰인이 돼 주기도 했습니다.

아무리 우수한 고용변호사라도 의뢰인의 입장에서 보면 '고용변호사는 고용변호사일 뿐', 대표변호사와 그 책임의 무게가 다르게 느껴집니다. 신뢰감에서 차이가 나는 거지요.

하지만, 독립을 해보면 '옛날보다 더 책임감을 가지고 사건에 매달려 줄 것이다'라고 생각하는 건지, 새로운 의뢰인을 많이 소개해 줍니다.

또, 독립을 한 본인도 일이 없으면 살아갈 수 없을 테니 필사적으로 매달릴 수밖에 없고요.

이것들이 상호 작용하는 것일까요. 점점 사건도 늘고 수입도 향상됩니다.

독립한 당시에는 일이 없어 불안한 때가 있을지 모릅니다.

하지만, '잔고가 금방이라도 바닥날 것 같은 시기에 갑자기 의뢰인이 불어나더라' 라는 체험담을 종종 듣곤 합니다. 자기 자신을 믿고 사건 하나하나를 소중히 처리하십시오.

성공한 변호사가 되기 위해

독립할 타이밍은
사람마다 다르다
자신의 직감을 믿고 나가라

사무실 고르는 법

지금 저희 사무실은 동경의 치요다 구(千代田区) 칸다오가와 마치(神田小川町)에 있습니다. 야스쿠니 대로에 인접한 빌딩의 4층과 6층을 함께 사용하고 있습니다. 처음 시작했던 사무실도 여기서 도보로 5, 6분 정도 걸리는 곳에 있습니다. 두 곳 모두 공통점이라면 찾기 쉬운 장소에 있다는 점이랄까요.

저희들이 하는 업무는 의뢰인들이 직접 내왕을 해야만 하는 일들이 많습니다. 그렇기 때문에 **사무실은 교통이 편리하고, 의뢰인들이 헤매는 일 없이 바로 찾아올 수 있는 곳에 마련하는 것이 좋습니다**. 결과적으로, 큰 대로변에 있는 장소를 고르는 경우가 많겠지요.

다른 한 가지 포인트는, 좁더라도 밝고 보기 좋은 건물을 선택하라는 겁니다.

의뢰인들이 갖게 되는 첫인상은 사무실로 들어갈 때 모두 결정되니까요. 분위기가 어두컴컴하면 들어서는 순간 '맡겨도 될까?'라는 불안감에 휩싸일 수 있습니다.

대규모 법률사무실을 가보면 금방 알 수 있듯, 어디나 밝고 분위기가 좋습니다. 여유롭다는 생각까지 들거든요. 아니, 들어서는 순간 일을 맡기고 싶다는 생각이 들 겁니다.

제가 지금까지 임차해서 사용했던 사무실은 모두 밝고 개방감이 느껴지는 곳이었습니다.

사무실이 환하면 '성장할 것 같다', '왠지 뭔가 해줄 것 같다'라고 의뢰인들이 기대하게 됩니다. 활기를 느끼도록 만드는 거지요. 이것이 중요합니다.

독립한 후에 사무실을 마련하는 경우에는 '의뢰인들이 어떻게 생각할 건지'를 제일 먼저 생각한 후 장소 선정이나 사무실 분위기를 만드는 데 신경을 쓰십시오.

이렇게 말은 하지만 막상 예산문제도 무시 못 할 겁니다.

제 경우에는 '이 정도까진 쓸 수 있다. 이 사무실만 빌릴 수 있다면 용돈을 못 쓰더라도 상관없다. 대신 이곳에서 최선을 다해 보자'라는 각오를 하고서 은행이나 아는 곳에서 돈을 빌렸습니다.

절대 무리해서도 안 되지만, '사무실은 그만큼 중요한 것'이라는 점을 잊지 마세요.

성공한 변호사가 되기 위해

사무실은 의뢰인의 시각에서 선정하라
교통편이 좋고
밝고 보기 좋은 곳이 최상이다

직원 뽑는 법

사무실은 영업의 최전선입니다. 어떤 의미에선 법률사무실의 얼굴이기도 하지요.

가령, 전화 받는 것부터 한번 생각해 볼까요.

얼굴이 안 보이는 만큼 이야기할 때의 목소리가 만들어 내는 표정들이 상대방에게 그대로 전달됩니다. 상냥하다, 친절하다, 정중하다, 차갑다, 건방지다, 무뚝뚝하다 등으로 말이지요.

상대방인 의뢰인, 혹은 의뢰인에게서 다시 소개받은 사람을 비롯하여 일과 관련된 사람들이 사무실로 전화를 걸어왔을 때 나쁜 인상을 받게 되면 엄청난 마이너스입니다. 그때 갖게 되는 인상이 사무실 전체의 평가로 이어지기 때문이다.

이것은 사무실 안내데스크도 마찬가지입니다.

전화나 안내할 때의 태도가 당신 사무실의 인상을 좌우합니다.

사무실에는 말을 할 때 공손하고 좋은 느낌의 사람을 채용하십시오.

저희 사무실에서도 그렇게 하려고 노력하고 있는데, 앞으로는 더 많이 다듬어 가려고 생각중입니다.

여러 분들 중에는 개업한 지 얼마 안 돼서 직원을 고용할 만한 금전적인 여유가 없다고 하시는 분도 있을지 모릅니다.

하지만, **하나부터 열까지 혼자서 꾸려가는 사무실은 의뢰인들의 신용을 얻기가 어렵습니다**. '저 사무실은 직원도 고용 못할 정도인가 봐', '그런 사무실에 사건을 의뢰해도 괜찮을까?' 라는 식으로 생각하기 십상입니다.

제가 독립했을 때도 힘들기는 했지만 직원 두 명을 채용했습니다. 한 명은 정규사원이었고 다른 한 명은 아르바이트였습니다.

등과 배를 바꿀 수는 없지 않습니까. 자신의 용돈을 쪼개서라도, 오기로 버티더라도 직원은 반드시 고용해야 합니다. 그리고 사무실 접수데스크에 앉혀도 될 인물인지 아닌지도 충분히 고려해서 뽑으시길 바랍니다.

성공한 변호사가 되기 위해

사무실은 영업의 최전선
전화나 안내데스크의 태도가
사무실 전체의 인상을 결정한다

변호사는 신용이 생명

일에 대한 보수는 일입니다. 그 일을 가지고 와주는 것은 또한 의뢰인이고요.

그러면 의뢰인들이 계속 일을 가지고 오게 하려면, 또 의뢰하러 오도록 하려면 무엇이 필요한 걸까요?

그건 바로, 신뢰관계와 전문지식입니다.

의뢰인들은 변호사라 해서 바로 믿어 주지는 않습니다. 아무리 최선을 다했어도 결과를 내지 못하면 말짱 헛일이 되어버리는 세계가 이쪽 세계니까요.

어떤 경우는 소송에서 지고 나면 두 번 다시 발걸음을 안 하는 의뢰인도 있습니다. 간혹 패소한 것을 비난하는 사람조차 있습니다.

소송에서는 결과가 전부입니다. 도리 없지요.

그래도 최선을 다해서 성실하게 일하다 보면, 설사 결과가 나쁘더라도 그것을 평가해 주고 새로운 의뢰인을 소개해 주거나 다른 일로 다시 의뢰해오는 사람도 있습니다. 그건 결국 '저'라는 인간, '당신'이라는 인간을 신용해 주었기 때문이지요.

중요한 것은 어떤 사건에서건 성의를 가지고 매달려야 한다는 사실입니다. 성의를 알아준 사람은 새로운 일도 가져와 주거든요.

처음부터 '당신을 신뢰하기 때문에 부탁하는 겁니다.'라고 하는 경우는 거의 없습니다. '부탁할 만한 사람이 마땅히 없어서 그러니, 여하튼 부탁 좀 합시다.'라는 것이 태반 아닐까요.

그러다 어느 순간 '이 사람이면 한 번 맡겨볼 만하다.'거나 '이 사람한테 맡기면 안심할 수 있다.'라고 바뀌었다가, 최종적으로는 '이 사건을 맡길 곳은 당신밖에 없다.'가 되는 겁니다.

이런 식으로 의뢰인들과의 신뢰관계가 싹트는 겁니다.

의뢰인들과 신뢰관계에 바탕을 두고 사건을 수임하게 되면 조금씩 질적으로도 좋은 일들이 들어오게 됩니다. 동시에 사건도 어려워지기 시작하고요.

그 일 역시 예전처럼 최선을 다해서 매달리게 되면 자신의 능력이나 전문성도 향상되게 되어, 어느 새 성공한 변호사에 점점 가까워지고 있음을 깨닫게 될 것입니다.

성공한 변호사가 되기 위해

변호사의 자원은 신용과 지혜
의뢰인과의 신뢰관계가
새로운 일을 불러온다

양질의 사건은 소개로 들어온다

일이 없다고 해서 이상한 사건에 손을 대서는 안 됩니다.

단 한 번이라도 좋지 않은 사건에 손을 대기 시작하면, 그 이후에는 계속 그런 일들을 부탁받게 돼서 사회적인 신뢰를 잃을 위험이 커집니다.

설사, 지금 당장 일이 없더라도 꾹 참고 역경을 헤쳐 나가십시오.

나쁜 일이 안 들어오게 하려면 '이런 사건만은 절대 수임하지 않겠다.'는 자신만의 기준을 설정해야 합니다. 그리고 그 외에는 다 수임하는 겁니다. 저의 경우, 반사회적인 세력들과 관련되는 사건이나 '검은 걸 희게 만들라'고 억지를 부리는 사건 같은 건 일절 맡지 않습니다.

거절할 땐 가차 없이 하십시오. '못 합니다.'라고 딱 잘라 거절하는 겁니다.

자신의 생각이나 방침을 명확히 정해두면 자연히 좋은 일들만 들어오게 돼 있습니다. 말하자면 '유유상종'인 셈이지요.

이건 계속 말씀드리는 거지만, 처음부터 굵직한 사건은 들어오지 않습니다. 설사, 들어왔다 하더라도 대개는 이상한 사건들일 겁니다.

작은 사건부터 부지런히 차곡차곡 해나가는 것, 그것이 성공한 변호사가 되는 지름길입니다.

처음부터 보수만 중시하는 것도 좋지 않습니다. 앞에서도 설명했듯, 의뢰인들과의 신뢰관계가 좋은 일도 가져다주니까요.

하나하나의 사건들에 성의를 가지고 매진하다 보면 그 성의를 언젠가는 의뢰인들이 평가해서 사람들을 소개시켜 주거나 다른 새로운 사건을 가져와 주기도 합니다.

그 다음 사건에서 또 다시 최선을 다해 매진하다 보면, 의뢰인들로부터 받는 신뢰도가 한층 높아져서 점점 더 중요한 사건들을 맡게끔 되는 겁니다.

이러한 것들을 **순환을 거듭하다보면 언젠가는 질적으로 좋은 사건도 맡게 되고, 그와 더불어 수입도 증가하게 될 것입니다.**

돈은 어디까지나 결과물입니다. 돈에 중점을 두다 보면 악순환만 반복될 뿐입니다.

성공한 변호사가 되기 위해

나쁜 일은 딱 잘라 거절해라
굵직한 사건, 질 높은 사건은
의뢰인들의 소개로 들어 온다

영업은 모르는 사람을 상대로 하라

일이 없어 힘들어 하는 사람이 있다면 아마 인간관계가 부족한 게 아닐까요?

일을 늘리고 싶다면 새로운 인간관계를 만들어 갈 필요가 있습니다.

친구나 지인들에게만 의존해서는 한계가 있거든요. 이건 어떤 일이든 마찬가지일 겁니다. 그 이상의 세일즈는 기대할 수 없으니까요.

영업은 자신이 모르는 사람을 상대로 하십시오.

지금껏 전혀 교류가 없었던 업계에 뛰어 들어, 거기서 조금씩 인간관계를 쌓으십시오. 그러면 반드시 새로운 길이 열릴 겁니다.

처음에는 거절당할지도 모릅니다. 그러나 거절이야말로 가장 좋은 찬스이기도 합니다.

의뢰인들이 나의 사무실에 안 온다는 것, 이 역시 '거절'의 일종입니다.

의뢰인들이 안 온다면 내 쪽에서 가면 되는 겁니다.

법률은 곤경에 처했을 때 어찌 할 건지를 해결하는 게 일입니다. 그렇다면 곤경에 처한 사람들을 찾아가면 되는 겁니다.

누군가가 '힘들다.'고 하면 그곳에 가서 '제게 맡겨 주십시오.'하고 물으러 다니는 겁니다. 이것 역시 훌륭한 영업활동 아닐까요.

변호사를 필요로 하는데도 변호사가 거의 손댄 적이 없는 영역들은 얼마든지 있습니다. 제가 전문으로 하고 있는 '세무소송' 역시 그 중 하나입니다.

지금 일이 없는 사람들은 그런 아무도 손댄 적이 없는 영역들을 찾아보려는 노력을 하면 어떨지요? 그런 곳에선 변호사로 사는 보람도 느낄 수 있을 거고, 성실히 사건을 처리함으로써 돈도 따라오게 되는 겁니다. 즐거운 변호사생활이 열리는 거지요.

반복해서 말씀드리지만, 영업은 친구나 아는 사람이 아닌, 지금까지 만난 적이 없는 새로운 분야의 사람들에게 하십시오.

결과적으로 그것은, 일을 넘어 당신이 사는 보람으로 이어질 것입니다.

성공한 변호사가 되기 위해

자신이 모르는 사람
모르는 분야에서 영업하라
친구나 아는 사람들만으로는 금방 한계가 찾아온다

그 사람 뒤에 있는 의뢰인을 봐라

'세법에 대해 잘 아는 변호사가 거의 없다.'

고용변호사 시절, 이 사실을 알게 된 저는 바로 세법공부를 시작했습니다.

그 과정에서 알게 된 것이 금융재정사정연구회(金融財政事情研究會)였습니다. 세법공부를 하기 위해 위 연구회가 주최하는 FP(Financial Planner, 금융자산관리사) 양성강좌에 참석시켜 줄 것을 요청했지만 처음에는 보기 좋게 거절당했습니다.

'변호사가 참석하시다니 전례 없는 일입니다. 그러니 안 됩니다.'라더군요.

하지만, 저는 포기하지 않았습니다. 거절당하는 것이 곧 찬스라고 생각했거든요. 변호사가 한 명도 없다면 더더욱 연구회에 들어가서 세법공부를 해보고 싶다는 생각이 들었습니다.

다행히, 결국 제 마음이 통했는지 참가해도 좋다는 허락을 받았습니다.

마찬가지로, 세무사들만 가맹하고 있던 협회에 가입할 때에도 거절에 가까운 분위기였습니다. 협회에 들어간 지 얼마 안 되었을 무렵엔 '뭐야, 이상한 놈이 하나 들어왔다.'고 모두들 생각하셨던 모양입니다. 차츰 한 명, 두 명, 세 명으로 어울리는 사람들이 늘어 갈수록, 세무사들이 **고문으로 있는 곳의 분쟁도 상담하게 되었**

습니다.

게다가, 햇수를 거듭할수록 신뢰관계도 넓어지게 되었고, 사건 역시 쑥쑥 불어나게 되었습니다. 주변에 변호사가 없는 세무사들이 많았기 때문에 정말 엄청나게 많은 상담을 받았습니다.

그러는 사이, 저 혼자서는 도저히 감당할 수 없는 지경에 이르게 되어, 아는 변호사에게 부탁하기도 했습니다. 이것이 독립한 지 1년째 되던 해의 일입니다.

만약, 독립한 후 친구나 아는 사람들에게만 영업을 했었다면 어찌 됐을까요? 아마 이런 좋은 찬스는 붙잡지 못했을 겁니다.

아는 사람이라곤 하나도 없고, 게다가 잠재적인 의뢰인들을 많이 가진 사람들이 모여드는 세계에 뛰어 들어가, 그곳에서 신뢰관계를 쌓았기 때문에 기회를 붙잡을 수 있었던 겁니다.

성공한 변호사가 되기 위해

그 사람 뒤에 누가 있는가?
그것까지 생각하면서 영업하면
훨씬 좋은 효과를 기대할 수 있다

경쟁상대가 적은 데서 싸워라

경영컨설턴트로 일하셨던 타오카 노부오(田岡信夫)씨가 1960년대에 체계화한 비즈니스전략으로, '란체스터 전략(Lanchester's laws)'이라는 것이 있습니다. 이것은 영국의 프레드릭 윌리엄 란체스터(Frederick William Lanchester)라는 사람이 전투에서 이기는 법칙인 '란체스터 법칙'이라는 것을 발견하였는데, 이걸 비즈니스 세계에 도입해서 응용한 것입니다.

란체스터 전략 중의 하나로, 약자가 강자에게 이기는 법칙이라는 것이 있습니다.

바로 이런 겁니다.

약자가 강자에게 이기려면 일단 접근전이나 육탄전으로 유도한 뒤 그 후에 얼마나 효율적으로 전력을 투입하느냐가 승패를 가름하는 열쇠가 된다는 거지요. 그 적절한 예가 바로 오케하자마(桶狭間) 전투[6]가 아닐까요.

넓은 장소에서 승부하게 되면 약자는 강자에게 이길 수가 없습니다. 좁은 장소에서 집중적으로 경영자원을 투입하였을 때 비로

6) 2만 5천명이나 되는 대군을 이끌고 尾張(오와리, 지금의 愛知현의 서부에 해당)를 침공한 駿河{스루가, 지금의 静岡(시즈오카)현의 중부와 북동부에 해당}의 영주였던 今川義元(이마가와 요시모토)에 대항하여 오와리(尾張)의 영주였던 織田信長(오다 노부나가)가 그 10분의 1정도에 불과한 군사로 싸워 승리를 거둬들인 일본 역사상 가장 화려한 역전극이라고 불리는 유명한 전투(역자 주).

소 약자라도 승리를 거둘 수 있는 겁니다.

이것을 우리 변호사들의 세계에 적용시킨다면 다음과 같이 되겠지요.

'경쟁상대가 적은 분야에서, 또한 있는 전력을 다 쏟아 부어 승부하면 반드시 승리한다.'

이미 많은 사람들이 몰려있는 분야에서 싸워 본들 큰 사무실이나 힘 꽤나 쓰는 선배 변호사들만 이길 겁니다. 그러지 말고 **아직 다른 사람이 손대지 않은 분야를 찾아내서, 그곳에서 전력을 쏟으십시오.**

강자들은 의지가 강합니다. 그렇기 때문에 자신들이 생각하는 방식대로 인생을 살아갑니다. 하지만 약자들 중에도 성공한 사람은 있기 마련입니다. 지금의 제가 바로 그렇지 않습니까.

약자가 강자에게 이기려면 전문성을 익힌 후 패배하지 않는 싸움을 하는 겁니다.

그러기 위해서는 경쟁상대가 적은 장소에서 싸워야 합니다. 새로운 분야를 개척해서 자신만이 할 수 있는 전문성을 갈고 닦아 거기서 승부하는 겁니다.

대기업에는 대부분 전국(全國) 제패(制覇)라는 목표가 있습니다. 한편, 소규모 기업에는 '이 분야, 혹은 이 지방에서는 지지 않겠다.'는 당찬 포부가 있지요. 그것과 똑같은 이치입니다.

성공한 변호사가 되기 위해

경쟁상대가 적은 분야에서
고도의 전문성을 무기로 삼아 싸워라
이것이 약자가 강자를 이기는 비결이다

눈 여겨 볼 곳을 잘 찾아라

변호사인 당신이 '눈을 어디 두느냐'에 따라 미래가 바뀝니다.

장래성이 낮아 장차 쇠퇴할 것으로 생각되는 분야에 진출해서 성공하기란 정말로 어려운 일입니다. 이것은 변호사뿐 아니라, 그 어떤 업종에서도 마찬가지일 겁니다.

예컨대, 지금 M&A를 전문으로 하고 있는 변호사들이 상종가를 치고 있지요. 매년 일본경제신문에서 발표하고 있는 '기업법무에서 활약한 변호사랭킹'에도 늘 상위권 안으로 들어가듯 말입니다.

하지만, 옛날에는 상종가는커녕 아무도 그런 사람이 있다는 사실도 몰랐습니다. M&A를 전문으로 하는 변호사들의 이름조차 알려져 있지 않았으니까요. 특정한 영역에서 평가받고 있었다 해도, 사회적으로나 저희 변호사들 사이에 화젯거리가 되는 일은 거의 없었습니다.

이것처럼, **'무엇을 전문으로 하느냐'**, **'어디에 착안하느냐'**, **소위 '눈을 어디에 두느냐'에 따라 변호사의 장래도 크게 달라집니다**.

제가 변호사 '스승'으로 여기며 존경해 마지않는 나카무라 나오토(中村直人) 변호사님 역시 정말 인기 있는 변호사 중의 한 분입니다. 변호사 랭킹 톱 자리를 꼬박꼬박 차지하는 단골이기도 합니다.

1993년 일본에서는 상법 개정이 있었습니다. 그에 따라 8,200엔의 청구수수료만 지불하면 10억 엔이건 20억 엔이건, 아니면 100억 엔이건, 배상청구액에 상관없이 주주대표소송을 할 수 있게 되었습니다.

이것을 알게 된 기업들은 다들 불안감에 휩싸였지요. '이걸 계기로 주주대표소송이 한꺼번에 폭증하는 거 아니야' 하고 말이지요.

그때, 쿠보리(久保利) 변호사님과 둘이서 쉴 새 없이 기업을 대상으로 세미나를 찾아 다니셨던 분이 나카무라(中村) 변호사님이셨습니다. 그것을 계기로 나카무라(中村) 변호사님의 명성은 단번에 알려지게 되었고요. 변호사로서의 인지도를 한 번에 끌어올리시면서 인기를 확실히 다진 겁니다.

사회나 시대적 흐름을 발 빠르게 캐치해서 찬스가 왔을 때는 단번에 무대 전면에 나가십시오. 이 역시 성공한 변호사에게는 빼놓을 수 없는 힘입니다.

성공한 변호사가 되기 위해

사회나 시대적 흐름을 잘 읽어
어디에 착안할지를 생각하라
'눈을 어디에 두느냐'가 장래를 좌우한다

자기보다 '능력있는' 사람들을 끌어 모아라

저는 제 주변에 우수한 사람들이 많으면 기쁩니다.

왜 그럴 거라고 생각하세요?

보통은, 우수한 사람들을 경쟁상대로서만 보겠지만, 저는 그렇지 않습니다.

사법연수원 시절로 이야기를 거슬러 가볼까요.

연수원에는 저보다 우수한 사람들이 정말 많았습니다. 사법시험에 근근이 합격한 '저'였기 때문에 자신의 능력의 한계에 대해서는 익히 자각하고 있던 터였지요.

그래서 이렇게 생각했던 겁니다.

저들을 이길 수는 없을 거다. 저 사람들과 경쟁해서 무슨 이득이 있겠는가. 나보다 발 빠른 사람들과 경주해본들, 질 거라는 건 불을 보듯 뻔한 거 아니냐.

그렇다면 차라리 매니저가 되는 게 낫다. 경쟁상대가 아니라 같은 편으로 들어가면 되는 거다. 그리 하면 앞으로 일을 할 때 도움을 받을 수도 있을 거고.

라이벌을 자기편으로 만드는 것. 동료로 만드는 것. 발상의 전환 아닙니까.

미국의 실업가 중에 앤드류 카네기라는 사람이 있지요. 카네기는 지금의 US스틸사를 창업한 후 막대한 부를 축적했던 사람인데, 흔히 '철강왕' 이라고도 불립니다. 그는 이미 오래 전에 세상을 떠났는데, 묘비에는 이런 문구가 쓰여 있습니다.

'자신보다 현명한 인물들을 주변에 모으는 법을 터득했던 자, 이곳에 잠들다.'[7] 카네기는 철강이나 경영에 관해 전문가가 아니었습니다. 그래서 그는 철강에 밝은 사람, 경영에 밝은 사람을 고용해서 일을 시켰습니다.

법률사무실도 마찬가집니다. 일은 우수한 인간에게나 맡기면 되는 거지요. 그리고 자신은 자신만이 할 수 있는 일을 하되, 최종적인 책임만 지면 되는 겁니다.

현재 제가 가진 경영방침이 바로 이것입니다. 카네기의 가르침을 실천하고 있다고나 할까요.

성공한 변호사가 되기 위해

자신보다 우수한 사람을 끌어 모아
일을 맡겨라
그런 후, 최종적인 책임만 져라

7) 델 카네기, "사람을 움직이다", 창원사(創元社).

변호사는 키우지 마라

저는 제 손으로 변호사를 키울 생각이 추호도 없습니다.

변호사는 모두 스스로의 힘으로 성장하는 겁니다.

애초, 저보다 우수한 사람들만 고용하였다는 생각을 하고 있기 때문에 '제가 가르친다.'거나 하는 그런 건방진 이야기는 도저히 할 수 없습니다.

경영자(대표변호사)로서 최상의 역할은 '변호사에게 기회를 주는 일'입니다.

그리고 나서 각각의 책임 하에 사건을 담당하도록 하는 거지요.

그 과정에서 모르는 게 있으면 주변의 선배 변호사들이나 동료들에게 상담을 하면 되는 겁니다. 경우에 따라서는 같이 새로운 내용을 공부하는 것도 좋겠지요.

다만, 실수가 발생했을 때는 모든 것을 제가 책임집니다.

실제로, 의뢰인들이 제기하는 클레임들이란 모두 제 쪽을 향하는 것들이고, 지금까지 사건을 진행하면서 징계를 요구받거나 손해배상을 요구당한 적도 있었습니다.

이런 경우에 책임은 전부 제가 집니다.

이런 식으로, 저희 사무실에서는 중요한 사건은 제가 직접 관여하되, 그렇지 않은 사건들은 원칙적으로 각자 혹은 각 팀에 일임하는 형식을 취합니다. 그렇게 하면 성장할 사람들은 스스로 자기 방식대로 자라나는 겁니다.

일부러 제가 가르칠 필요는 없습니다.

다소 무책임하게 들릴지도 모르지만, 본인들에게도 제일 좋은 방법입니다.

물론, 1년이나 2년 만에 바로 성장하지는 못하겠지요. 최소한 3년은 노력해야 합니다. 그리고 어느 정도 실력이 쌓이면 굵직한 사건을 맡긴 후 팀원으로 활약하게 합니다.

때문에, 처음 몇 년간은 사람에 대한 투자라고 할 수 있겠지요.

그렇게 몇 년을 이겨내면 사무실의 미래를 짊어지는 변호사로 자연스레 성장하게 되는 겁니다.

성공한 변호사가 되기 위해

변호사는 키우지 마라
기회는 부여하되
책임을 지는 것이 경영자가 할 일이다

사람은 가차 없이 평가하라

법률사무실에는 각자에 맞는 성장 단계가 있습니다. 단계가 올라갈수록 그만큼 전문성도 높아지고, 의뢰인들이 요구하는 내용들도 버거워지게 됩니다.

그러면 당연히 단계에 맞는 사람과 맞지 않는 사람이 나옵니다.

단계에 맞지 않는 사람은 스스로 사무실을 그만두고 나가거나, 경우에 따라선 제 쪽에서 먼저 '괜찮은 거야? 계속 할 수 있겠어?'라는 말을 걸어보기도 합니다.

다소 냉정하게 느껴질지 모르지만, 그것이 본인을 위해서도 좋은 일입니다.

그만두는 건 결코 나쁜 게 아닙니다. 사실, 저희 사무실을 그만둔 사람들 대부분이 다른 사무실에서 똑 부러지게 활약들을 하고 있고, 그 중에는 이름이 난 사람도 있거든요. 자신에게 맞는 무대를 발견한 거지요.

반면에, 자신감을 잃고 좌절하는 사람도 있습니다. 가장 많은 예는 우수한 사람들과 자신을 비교한 후 자신감을 잃어버리는 경우입니다.

자신보다 우수한 사람이 있을 때는 '이 사람 대단한데. 이 사람한테서 한 번 배워볼까'라든가 '이 기회에 다른 분야로 진출해서 거기서 승부해볼까'라는 식으로 여러 가지 길들을 생각할 수 있을

법한데도 그렇지가 않더군요. '난 이제 틀렸다.'라고 체념하고는 회복하질 못하는 겁니다.

재판에 이겼을 때는 기운을 내다가, 지는 순간 낙담해버리는 사람도 있습니다.

대부분 성실한 사람들이기 때문에, 최선을 다했음에도 지게 되면 맥이 탁하고 풀리는 거겠지요. 그런 후에 정신적으로 회복하지를 못하는 겁니다.

이런 경우에는 반년 정도 쉬게 한 후, 한 번 더 본인의 의사를 들어봅니다. '돌아올 수 있겠다.' 싶으면 직장에 복귀하도록 하지만, 스스로 '그만 두겠습니다.'라고 말하는 사람들이 실은 더 많습니다.

한 마디로 단정할 수는 없지만, 지금까지 큰 좌절을 경험해보지 못한 사람일수록 정신적으로는 나약한 듯합니다.

성공한 변호사가 되기 위해

성장 단계에 맞지 않는 사람에겐
새로운 길을 어드바이스하라
이것 역시 경영자의 중요한 역할이다

혼자 할 수 있는 데는 한계가 있다

독립하고 나서 처음 1년 동안은 혼자 일을 처리했습니다.

3년째 되던 해에 새로 사무실을 얻어, 그때까지 일을 나눠 했던 변호사님 외에 한 사람을 더 채용해서 3인 체제를 만들었습니다.

고용변호사를 처음 뽑았던 것도 이때였고요. 고용변호사는 그 다음 해에 다시 두 명을 더 채용한 뒤, 다다음 해에 또 한 명을 늘렸습니다.

그 후에도 돈이 벌리는 대로 하나 둘 더 채용하는 방식으로 지금까지 왔습니다.

처음부터 어느 정도 규모가 있는 사무실을 만들고 싶다는 꿈도 있었지만, 가장 큰 이유는 **자기 혼자 업무를 늘려가는 데는 한계가 있다고 생각했기 때문입니다**.

쿠보리(久保利) 변호사님이 이런 말씀을 하시더군요.

'법률사무실은 15명 정도가 딱 좋네. 수익성도 높은데다 무엇보다도 좋아하는 일을 할 수가 있거든. 그러니 그 이상 늘리지는 말게나' 라고 말이지요.

앞에서도 말씀드린 것처럼, '일정한 정도의 규모가 못 되면 사회적 비중 큰 사건이나 양질의 사건을 수임하기란 어려울 거다.'라는 생각도 머릿속에 있었습니다.

하지만, 제 경우에는 다소 서두른 감이 없지 않습니다.

일정한 수준까지는 무서운 기세로 업무가 증가하더니, 어느 순간을 기점으로 속도가 떨어지기 시작하더군요. 수입을 모두 '사람'에게만 투자했기 때문에 재정기반이 취약했던 겁니다.

사람을 늘리는 것까진 좋았는데, 그로 인해 무리해서까지 새로운 일들을 끊임없이 수임하지 않으면 안 되었습니다. 이것을 원래 상태대로 되돌리는 데만 3년 정도 걸렸습니다.

확실히, 혼자서 할 수 있는 데는 한계가 있습니다. 쭉 혼자서 일을 했더라도 일정한 단계가 되면 한계점에 다다르는 법이거든요. 하지만, 짧은 기간 안에 사람들을 너무 많이 늘리는 것도 좋지는 않습니다. 제가 경험했던 것처럼, 반대로 발목을 잡히는 꼴이 돼버리니까요.

어떤 식으로 균형을 잡아가느냐. 경영자로서의 수완이 시험대에 오르는 순간입니다.

성공한 변호사가 되기 위해

혼자 할 수 있는 데는 한계가 있다
그렇다고 사람을 너무 많이 늘리지는 말 것
균형이 중요하다

장래에 대한 계획을 세워라

독립을 할 때는 반드시 장래에 대한 계획을 세우십시오.

계획을 종이에 써서 벽에라도 붙여두면 달성 속도가 훨씬 빨라집니다.

여태 '미래에 대한 계획을 세워본 적이 없다.'고 말하는 사무실도 많은 것 같습니다만, 그래서는 안 됩니다. 지금까지는 그렇게 하더라도 괜찮았는지 모르지만, 앞으로는 안 될 겁니다.

경영 마인드를 가지고 있지 않은 사무실은 분명 해가 갈수록 힘들어질 것입니다.

저도 독립했을 때 계획을 세웠습니다. 바로, 경영세미나에서 배웠던 '5개년 계획'이라는 걸 말이지요.

일단 '변호사수', '매출', '소득(매출 - 경비)'을 각각 몇 퍼센트씩 상승시킬지를 결정한 후, 그것이 실현가능할지를 검토했습니다. '가능하다.'고 생각되면 그 내용을 계획으로 정리해서 세미나에서 강의하셨던 선생님께 평가를 받았습니다.

이런 과정을 반복하면서 실현 가능한 계획으로 완성했던 겁니다.

저는 그때, '변호사수', '매출', '소득' 전부를 5년 동안 20%씩 증가시킨다는 계획을 세웠었습니다. 그리고 실제로 거의 그대로 업적을 성장시켜왔고요. 이 모두는 '5개년 계획'이라는 확실한 목표가 있었기 때문에 가능했던 일이라 생각합니다.

사무실 경영상태에 관한 체크를 할 때는 '연간 통계 그래프'라는 것이 많이 도움이 됩니다. 이것 역시 경영세미나에서 배운 것인데요.

연간 통계 그래프는 가로축을 '연월', 세로축을 '매출'로 해서 만들기 때문에, 한 눈에 매출 추이, 즉 목표달성도를 알 수 있습니다. 저는 이것을 커다란 종이에 손으로 그린 후, **언제건 보고 싶을 때마다 꺼내볼 수 있도록 사무실 책상서랍 속에 넣어 두었습니다**.

장래에 대한 계획을 세우고, 정기적으로 그에 관한 달성도를 체크하십시오. 이런 별 것 아닌 일들이 쌓여 사무실 업적에도 크게 영향을 미치게 될 겁니다.

성공한 변호사가 되기 위해

법률사무실에도 경영계획이 필요하다
큼직한 종이에 직접 작성해두고
평소에도 자주 목표달성 상황을 확인하라

이상적인 공동경영자란?

공동경영자(사무실 파트너)는 인간성에 중점을 두고 고르는 게 좋습니다.

저 역시 **'인간적으로 신뢰할 수 있느냐'**를 최우선 조건으로 두고 파트너를 골랐습니다. 때문에, 대부분의 사람들이 일을 통해서 알게 된 사람, 혹은 옛날부터 알고 지내던 사람들입니다.

처음부터 전문성을 고려해서 차린 사무실은 아니었습니다.

결과적으로, 세무소송이나 회사법을 전문으로 하고는 있지만, 애초에 정하고 시작했던 건 아닙니다. 오히려, '각자 하고 싶은 걸 하면 된다.'는 식으로 생각했다고나 할까요.

다만, 굵직한 사건이 들어왔을 때에는 이야기가 달라집니다. 파트너를 포함해서 여러 명으로 구성된 팀을 조직한 후 완전히 한 덩어리가 돼서 싸웁니다.

그 밖에, 파트너로서 필요한 조건이라고 한다면 가능한 한 **'자기보다는 우수한 사람'**을 고르라는 겁니다. 가까이에 우수한 인물이 있으면 안심하고 일을 부탁할 수 있으니까요.

이 두 가지 외에는 특별히 필요한 조건은 없는 듯합니다. 그저 성실하게 사건에 매달려 주면 그것으로 충분하니까요.

참고적으로, 저희 사무실의 경영체제에 관해서 한 말씀 드릴까요.

저희 사무실은 일단 제가 소유하는 형식으로 되어 있습니다. 월급이나 고용변호사들에게 지급하는 연봉 역시 제(사무실)가 지급하고 있습니다. 반면에, 파트너는 사무실에서 독립되어 있는 형태를 취하면서, 제가 일을 의뢰하면 보수 중 몇 퍼센트를 주는 것으로 되어 있습니다. 반대로, 파트너가 수임한 사건은 일정한 비율만큼 사무실에 납부해야 합니다.

조금 더 큰 사무실이었다면 보수 전부를 지갑 하나에 넣어두고, 거기서 경비를 지급한 후 남은 돈을 매출이나 일정한 기준에 따라서 분배하는 형식을 취하겠지만, 저희 사무실은 아직 그 단계에는 이르지 못했습니다. 그래서 개인사무실의 집합체 같은 형태를 취하고 있는 겁니다.

성공한 변호사가 되기 위해

공동경영자를 선정하는 기준은
전문성보다는 인간성이다
신뢰할 수 있느냐 없느냐가 가장 중요하다

하나의 분야에서 넘버원이 되어라

'내가 할 수 있는 일들 중에서 다른 사람은 못하는 일을 하겠다.'

저는 늘 이런 생각을 하면서 행동해 왔습니다.

예컨대, 제 전문분야의 하나인 세무소송을 들어 볼까요. M&A 사건을 계기로 세법의 중요성을 깨달아, 그때부터 세법을 연구함으로써 세무소송의 전문가가 되었습니다.

그 후, 점차 우수한 사람들이 나타나고 대규모 법률사무실이 진입해 들어오는 등으로, 세무소송을 둘러싼 상황은 시시각각 변화하고 있습니다.

이런 상황 속에서 제가 그나마 싸워나갈 수 있는 것은 자신만이 할 수 있는 방식대로 일의 폭을 넓혀 갔기 때문입니다. 가령, 소송을 하는 경우에는 저희 변호사들뿐 아니라, 세무사, 학자, 기업OB들 등, 지금까지 구축해온 인적 네트워크를 최대한 활용하면서 싸웁니다. 이것이 저의 특징입니다. 누구나 쉽게 할 수 있는 일은 결코 아니지요.

최근 들어, 빈번히 화제에 오르고 있는 '내부통제'[8]에 관해서도 똑같이 말씀드릴 수 있습니다.

---

8) 우리나라에서는 모 대기업에서 '윤리경영'이라는 용어를 사용하고 있다. 기업 스스로 내부적인 통제에 의하여 합법적인 기업경영을 하는 것을 말하고, 여기에 특히 사내 변호사들이 역할을 하고 있다(역자 주).

내부통제를 법률적인 측면에서 정면에서 보는 법률가들이 많습니다. 그러나 제 경우에는 경영적인 시각으로 바라봅니다.

'내부통제는 기업의 성장을 위한 것이다. 법률은 그 일부에 지나지 않는다. 중요한 것은 경영의 자유가 있는 부분에서 자율적으로 하는 것이다. 그것이 본래적 의미의 내부통제이다.'

이렇게 생각하면 법률에 규정되어 있지 않은 부분들이 문제됩니다. 그러면 필연적으로 다른 변호사들과는 차별된 생각을 하게 되는 거지요. 이것이 저의 장점입니다.

남들과 똑같은 일만 하고 있으면 넘버원이 될 수 없습니다. 자신의 특색을 살리려면 자신만의 시각을 가져야 합니다.

만약, 이미 일인자가 도사리고 있는 분야로 진입하려 한다면 아직 그 사람이 하고 있지 않은 것, 세미나나 강연 등지에서 이야기되지 않는 것이 무언가를 찾으십시오. 그것을 발견할 수 있으면 당신만의 특징을 표출할 수 있게 될 것이고, 장차 그것은 다시 당신만의 브랜드가 될 것입니다.

성공한 변호사가 되기 위해

넘버 원이 되려면
자신 외에 아무도 못하는 것을 하라
그것을 위해 독자적인 시야를 개발하라

4장의 포인트

- □ 독립은 성공한 변호사가 되기 위한 첫걸음!
- □ 사무실과 직원들은 확실하게 골라라!
- □ 변호사는 신용이 생명이다!
- □ 영업은 미지의 세계로 뛰어 들어가서 하라!
- □ 자기보다 우수한 인재를 끌어 모아라!
- □ 일은 맡기되 책임만 져라!
- □ 사무실의 경영계획을 세워라!
- □ 한 가지 분야에서 넘버원을 지향하라!

5 장

성공한 변호사가 되는 기술을 익혀라!

흉내 내면서 닮아간다!
성공한 변호사의 업무기술

일은 남들에게 시켜라

제가 독립하기 전에 받은 연간 수입은 3,000만 엔을 조금 넘었습니다. 고용변호사로 받는 고정수입 외에도 개인적으로 수임한 사건에 대한 보수를 더한 금액입니다.

그러나 실제 소득은 그리 많지 않았습니다. 오히려, 어떤 해에는 적금을 깨야 하는 경우조차 있었습니다.

왜 그랬냐구요?

그 이유는, 대부분의 일들을 다른 사람들에게 맡겼기 때문입니다.

제가 두 번째로 근무했던 사무실에서는 큰 출판사의 고문을 맡았기 때문에 우선 너무 바빴습니다. 개인적으로 수임한 사건들을 처리할 시간을 거의 낼 수가 없을 정도로 말이지요.

그래서 알고 지내던 변호사님께 수임한 사건을 부탁드렸던 겁니다.

다른 사람에게 사건을 줘버렸기 때문에 소득은 감소했지만, 그만큼 시간적으로는 여유가 생겼습니다. 그렇게 만든 시간들은 모두 공부하는 데 사용했고요.

수임한 사건 전부를 직접 처리하려 들면 일하는 시간 외에는 여가시간을 내기가 좀체 어렵습니다. 고용변호사 시절에는 물론이고, 독립하고 나서도 계속 그런 식으로 일을 했다면 아마 지금처럼 전문성을 가진 변호사로는 되지 못했을 겁니다.

돈보다는 공부가 우선이었다고나 할까요.

앞에서 말씀드렸던 것처럼, 성공한 변호사가 되기 위해서는 자신에 대한 투자가 불가결합니다.

일을 배분하는 기준도 '나 외에 아무도 하지 못하는 일은 내가 한다.', '나뿐만 아니라 다른 사람도 할 수 있는 일은 다른 사람에게 부탁한다.' 입니다.

이 외에도 한 가지를 더 든다면, '내가 못하는 일은 직접 하지 않는다. 다른 사람에게 맡긴다.' 입니다.

자신이 잘 못하는 일에 시간을 들여 본들 좋은 결과를 얻지도 못합니다. 그보다는 잘 아는 사람에게 부탁하는 편이 의뢰인들로부터 받는 신용 역시 높아질 겁니다.

성공한 변호사가 되기 위해

다른 사람도 할 수 있는 일은 남에게 넘겨라
그렇게 해서 만들어낸 시간은
전문성을 갈고 닦는 공부 쪽에 투자하라

스피치 능력을 길러라

변호사는 사람들 앞에서 말할 기회가 많은 직업입니다. 여러 분들 중에는 말하는 것이 서툴다는 생각을 가진 사람도 많을 겁니다. 물론, 말하는 것이 유창하지 않아도 상관은 없지만, 자신의 생각을 상대방에게 똑 부러지게 전달할 수 있어야 합니다.

저는 사법시험에 합격한 후 잠시 동안 학원에서 강사생활을 했습니다. 덕분에 화술의 기본을 이때 익힐 수 있었지요.

벌써 20년도 지난 이야기지만, 지금도 선명히 기억하고 있습니다.

갓 강사생활을 시작했을 무렵에는 언제나 긴장의 연속이었습니다. 다리는 후들거리고 목소리는 또 얼마나 떨리고 잠겼는지 모릅니다. 그래서 어찌 됐을까요?

어떻게든 떨리는 다리를 멈추게 하려고 양복 상의를 확 벗어던지고는 벌떡 일어나 칠판에다 글자를 휘갈겨댔습니다. 그러자 어느 순간부터 다리의 떨림이 멈추고 목소리도 똑똑하게 나오는 게 아닙니까?

칠판에 집중 했더니 극도의 긴장상태에서도 벗어날 수 있었던 겁니다.

그 후, 강의를 할 때에는 늘 상의를 벗고 칠판이나 화이트보드를 사용했습니다. 일단 익숙해지니까 조건이 바뀌어도 긴장을 하지 않게 되더군요.

사람들 앞에서 이야기할 수 있으려면 우선 긴장하지 말아야 합니다. 긴장을 안 해야 평소처럼 이야기할 수 있거든요. **사람들 앞에서 긴장하지 않으려면 경험을 쌓는 것이 중요합니다**. 훈련을 통해 익숙해지는 수밖에 없는 거지요. 저는 '강사'라는 직업을 통해서 화술의 기본이나 배짱을 익혔지만, 그럴 기회가 없는 사람들은 회의처럼 사람들이 많이 모이는 장소에서 적극적으로 발언하도록 해보세요.

저의 첫 강의에는 겨우 6명밖에 안 되는 고시생들이 참석했지만, 만약 6명 앞에서도 긴장하지 않는다면 몇 십 명이 되건 몇 백 명이 되건 똑같이 긴장하지 않을 겁니다. 사람들이 많아지면 처음엔 허둥댈지도 모르지만, 금방 간단히 극복할 겁니다.

성공한 변호사가 되기 위해

스피치 능력을 기르려면
강사를 해보는 것이 제일 좋다
사람들 앞에서 말하는 배짱이 생긴다

스 피치 능력은 변호사의 "무기"

많은 사람들 앞에서도 긴장하지 않고 말할 수 있다면 의뢰인과 1대 1로 마주하더라도 하고 싶은 말을 할 수 있게 됩니다. **사회적으로 지위가 높거나, 혹은 아무리 유명한 사람이 찾아오더라도 평소와 다름없이 상대할 수 있는 거지요**.

가령, 엄청나게 큰 대기업 사장이 상담하러 왔다고 해봅시다. 그러면 긴장감 때문에 몸이 떨려 어찌할 바를 모를 겁니다. 당연히 머리도 잘 안 돌 것이고, 정확한 답변도 하지 못하겠지요.

그래 가지고 일이 되겠습니까?

그런데 만약, 학원이나 세미나 등지에서 강사를 해봤거나, 혹은 스피치교실 등을 다니며 말하는 훈련을 쌓아 배짱을 키웠다면 이야기가 달라지겠지요. 평소처럼 행동할 수 있을 겁니다.

어떤 상황에서도 하고 싶은 말을 할 수 있게 되면 '그때 말했으면 좋았을 걸'이라고 후회하는 것도 사라집니다. 법정에서 긴장하는 일도 없겠지요. 자기가 신문하고 싶을 때 정확히 찔러볼 수도 있을 겁니다. 조금의 망설임도 없이 말이지요.

자신이 하고 싶은 말을 할 수 있게 되면, 한 가지 더 커다란 장점이 생깁니다. 바로, **리더십을 발휘할 수 있게 돼서 의뢰인들을 설득하기가 그만큼 쉬워지거든요**.

"사람을 움직이다"와 "길은 열린다"(創元社) 등의 자기개발서로 유명한 델 카네기의 비즈니스 강좌에서는 늘 수많은 사람들 앞에서 스피치하는 연습을 시켰다고 합니다. 처음에는 무엇을 말해야 할지를 모르겠지요. 그래도 뭐든 자신이 생각하는 바를 말해 보는 겁니다. 그러면 주변 사람들로부터 박수를 받게 되고 이것이 자신감으로 연결될 겁니다. 이런 훈련을 몇 번이고 반복하다 보면 자연히 수많은 사람들 앞에서도 긴장하지 않고 이야기할 수 있게 되는 거지요.

왜 이런 연습을 하느냐면 리더가 되고 싶기 때문입니다. 카네기 강좌 출신으로 가장 유명한 사람은 바로 존 F 케네디였는데요. 그도 이 강좌를 통해 사람들 앞에서 말하는 훈련을 쌓아서, 훗날 미국의 리더, 제35대 대통령이 되었던 겁니다.

이처럼, 사람들 앞에서 긴장하지 않고 말할 수 있게 되면 여러 장점들이 생겨나는 겁니다.

성공한 변호사가 되기 위해

스피치 능력이 있으면
하고 싶은 말을 할 수 있게 되고
리더십이 생긴다

말 주변 없이도 평가받은 방법

앞에서 나온 내용 때문에 말하는 것이 서툰 사람들은 다소 불안해졌을지도 모르겠군요. 그러나 말주변이 안 좋아도 변호사로서 충분히 일할 수 있습니다.

저희들이 하는 일은 '말하는 것' 자체에 있는 것이 아니라, 의뢰인들에게 뭔가 힘든 일이 생겼을 때 그것을 차근차근 들은 후 문제 해결하는 쪽으로 끌고 가는 데 있으니까요. 또, 그것을 위해서 적절히 어드바이스도 하고, 혹은 적절한 행동도 취하는 겁니다.

설사 말주변이 없더라도 의뢰인들의 이야기에 뜨문뜨문이나마 똑 부러진 대답을 해주는 것. 이것만 할 수 있으면 의뢰인은 찾아오게 되어 있습니다.

사실, '어눌한 말투지만 자신의 이야기를 잘 들어주고 해야 할 일들을 똑 부러지게 해준다.'는 평판을 듣는 변호사님들이 많이 있습니다.

중요한 건, 해야 할 말을 확실히 하는 것입니다.

이것이 가능한 사람은 말하는 것이 서툴더라도 훗날 반드시 성장합니다. 분명, 의뢰인들로부터 인기도 좋을 겁니다.

세미나 강사들도 그렇지 않을까요?

말솜씨가 별로 안 좋더라도 '저 사람 말은 왠지 맘에 남는데…' 라는 생각이 든다면 인기를 모을 수 있을 테니까요.

'마치 물이 흐르듯, 청산유수처럼 말 잘하는 것'만이 반드시 좋은 건 아닙니다. 그것 이상으로 중요한 것이 무엇을 어떤 타이밍에 말하느냐 입니다.

반대로, 훨씬 더 나쁜 건 말주변이 없다는 이유로 아무 말도 하지 않는 사람들입니다.

그래 가지고는 의뢰인들로부터 신용을 얻기도 어렵거니와 최악의 경우에는 '뭣 때문에 돈을 지불했는지 모르겠다.'는 생각을 들게 할 겁니다.

설사 말주변이 없더라도 필요한 때에 꼭 필요한 말을 하고, 그리고 손님들에게 성실할 것, 이것이 가장 중요한 일 아닐까요.

성공한 변호사가 되기 위해

말주변이 없더라도 상관없다
중요한 것은 성실성이고
할 말을 하는 것이다

의뢰인을 만족시키는 상담비법

의뢰인들과의 상담은 너무나 중요합니다.

특히, 맨 처음 상담을 할 때 사건의 경위나 의뢰인의 요망 등을 확실히 알아두지 않으면 안 됩니다. 그 중에서 법률적 문제점이나 재판에 유리한 구체적인 증거 등, 사건 해결에 필요한 정보들을 가려내야 하거든요. 그러한 과정을 확실히 해두는 것이 사건 해결에는 물론이고, 의뢰인들의 만족도에도 크게 영향을 미치게 됩니다.

그러나 숙달이 안 된 상태에서는 이런 일들이 상당히 어렵습니다.

애초, 변호사에게 상담하러 오는 의뢰인들의 대부분은 어떤 분쟁에 휘말린 경우들인지라 냉정하게 이야기하는 경우란 거의 없거든요. 내용이 이리 갔다 저리 갔다 하면서 종잡을 수 없는 경우들이 많습니다. 그런 데서 문제의 본질을 파헤치려면 한 고생해야 합니다.

시간이 무한정 있다면야 차분히 시간을 들여 이야기를 듣겠지만, 시간이 부족한 경우가 압도적으로 많습니다. 시간당 비용을 계산하는 경우들이 많기 때문에, 시간을 들이지 않고도 사건을 해결할 수 있다면 의뢰인들에게도 금상첨화겠지요.

때문에, 짧은 시간 안에 사건해결에 필요한 정보를 끄집어내어야 합니다. 변호사가 알아서 재판에 유리한 구체적인 사실들을 의뢰인 입으로 말하도록 유도해나가지 않으면 안 되는 거지요.

또, 사전에 정보를 입수해 두는 일도 중요합니다. 법률적인 지식은 물론이고 미리 사건상황을 파악해 두면 상담이 부드럽게 흘러갑니다.

저희 사무실에서는 의뢰인들이 상담하러 오기 전에 사건의 경위나 문제점들을 서면으로 작성해서 보내달라고 부탁합니다. 그러한 서면을 통해서 사건을 파악하고 법률적인 문제들을 특정할 수 있거든요. 그 덕택에 상담에서는 곧바로 본론으로 들어갈 수 있어서 단시간에 해결이 가능해집니다.

사건에 따라서는 차근차근 이야기를 들을 필요가 있는 것도 있지만, 가능한 한 단시간에 해결하는 것이 의뢰인들에게나 사무실에게도 좋지 않을까 생각합니다.

성공한 변호사가 되기 위해

의뢰인을 만나기 전에
사건 상황을 파악하라
그것이 사건을 조기해결하게 해준다

교섭력을 길러라

변호사 업무는 하루하루가 교섭의 연속이라고 해도 과언이 아닙니다.

가령, 사건을 협상으로 매듭지으려는 경우, 상대측 변호사와 교섭하게 되는데요. 물론, 양쪽 모두가 자기 의뢰인들의 이익을 최우선으로 고려하려 들기 때문에, 여간해서는 자신의 뜻대로 되질 않습니다.

좋은 조건으로 교섭에 종지부를 찍으려면 어떻게 하면 좋을까요?

간혹, 의뢰인들 입장에 지나치게 감정이입(感情移入)이 된 나머지, 상대방 변호사를 매도하거나 인간성을 부정하는 듯한 말을 하는 변호사들이 있습니다.

하지만, 교섭은 싸움이 아닙니다. 변호사는 의뢰인의 대리인이지만, **감정까지 대변할 필요는 없는 거니까요**. 마지막까지 냉정을 유지하면서 문제해결을 도모하면 되는 겁니다. 그런데도 변호사들끼리 감정적으로 대립해 버리면 해결할 것도 해결 안 될 테니까요.

또, '줄다리기' 테크닉을 구사하면서 교섭을 유리하게 끌어가려는 변호사도 있습니다. 그러나 줄다리기만 하고 있으면 '저 놈은 신용할 수 없다.'는 말이나 듣게 될 겁니다.

교섭에서는 상대방 변호사와 신뢰관계를 구축하는 일이 무엇보다 중요합니다.

그러려면 얄팍한 잔재주나 부리지 않고 정면에서 저쪽이 원하는 요구나 정보를 상대방에게 전달해야 합니다. 성실히 대응할 때만이 상대로부터 신뢰를 얻을 수가 있고, 전향적으로 교섭을 진행시킬 수도 있는 겁니다.

그런 식으로 신뢰관계에 바탕을 두고 교섭해 가다 보면 각자의 의뢰인들이 원하는 이익이 최대한 실현될 수 있는 타협점이 자연스레 보일 겁니다. 그것이 이상적인 도달점이지요.

교섭을 통해서 의뢰인들에게나 상대방 변호사로부터 신뢰를 받는 것.

그것이 성공한 변호사의 교섭기술입니다.

성공한 변호사가 되기 위해

교섭에는
감정이나 줄다리기는 필요 없다
냉정하고 성실하게 임하라

누구나 인정하는 설득기술

교섭을 추진해서 변호사들끼리 최선의 타협점을 찾았다 하더라도, 의뢰인들까지 납득해 주리라고는 장담할 수 없습니다. 변호사가 냉정하게 판단해서 찾아낸 현실적인 도달점이더라도 감정적인 상태에서 벗어나지 못한 의뢰인에게는 그렇게 보이지 않을 수도 있는 거니까요.

그러한 경우에는 의뢰인들을 설득하지 않으면 안 됩니다.

어떻게 하면 의뢰인을 무난하게 설득할 수 있을까요?

그 전에, 한 가지 확인할 것이 있습니다.

당신은 의뢰인들과 밀접한 커뮤니케이션을 가지고 계신가요? 사건에 관한 진행상황을 그때그때 보고하시나요? 무슨 일이 생기면 그 즉시 연락하시나요?

비즈니스를 하는 사람에게 '보고·연락·상담'은 상식 중의 상식입니다. 하지만, 변호사들의 대부분은 실천하지 못하더군요. 그 중에는, '맡겼으면 그냥 잠자코 나만 따라와라!' 하는 식으로, 도중에 경과상황 등에 대해서 전혀 보고하지 않는 변호사도 있습니다. 그런 식으로 하게 되면 곧 의뢰인들은 떠나가고 말 겁니다.

경과 상황에 대한 설명은커녕, 전혀 아무런 연락조차 없다가 어느 날 갑자기 '이걸 어쩌나, 이번에는 법리적으로 우리가 불리하니, 대충 이 정도에서 타협하시죠' 라는 말을 했을 때, 의뢰인들은

'진짜 우리 변호사가 일을 똑바로 처리하고 있나' 하는 생각이 들어 납득하지 못할 겁니다.

빈번하게 사건에 대한 상황을 보고해 줬다면 '뭐, 변호사가 숨김없이 설명도 해줬고, 상황이 상황이니 만큼 이번만은 어쩔 수 없지'라고 하면서 의뢰인도 타협할 생각이 들 수 있지 않을까요?

설득을 하는 경우에도 먼저 신뢰관계를 쌓은 일이 중요합니다.

말은 이렇게 하지만 간혹 설득이 불가능한 경우도 있겠지요. 의뢰인들이 오기를 부리기 때문입니다. 그런 때는 일단 재판으로 끌고 가서 판사라는 제3자의 힘을 빌려 설득하는 수밖에 없겠지요.

성공한 변호사가 되기 위해

보고·연락·상담을 철저히 하라
그렇게 해서 쌓인 신뢰가
의뢰인을 설득할 때 도움이 된다

황금같은 인맥을 구축하라

성공한 변호사에게는 인간관계력, 즉 인맥이 필요하다는 건 앞에서도 설명드린 바와 같습니다. 그러면 어떻게 인맥을 쌓으면 좋을까요?

여러 분들 중에는 인맥을 넓히기 위해서, 매일 다른 업종의 사람들이 개최하는 교류회나 친목회 등에 얼굴을 내밀러 가는 사람들이 많을 겁니다. 하지만, 대부분은 그 자리에서 명함만 교환하는 정도에서 끝나 버릴 뿐, 막상 일로 연결되는 경우가 잘 없다고 고민하는 사람들도 마찬가지로 많을 겁니다.

저 역시 그랬으니까요. 사정이야 어떠하든, 만 서른아홉에 제로(0)에서 시작했지 않습니까. 그렇다 보니 교류회 등에 열심히 얼굴을 내밀어 인맥을 만들어야 한다는 생각에 필사적이었지요. 그래서 몇 백 장, 몇 천 장씩 명함도 돌려봤지만, 당시에는 그것이 일로 연결되는 경우는 거의 없었습니다.

그건, 당연합니다. **교류회에서 한두 번 정도밖에 만난 적이 없는 신출내기 변호사에게 일을 의뢰하려 드는 사람은 아마도 없을 테니까요**. 몇 번씩 만나서 얼굴을 익혀야 상대를 신뢰하게도 되고, '그러고 보니 자네 변호사였지. 실은 이런 분쟁사건이 있는데 말이지…'라는 말도 꺼내게 되는 겁니다.

요는, **계속 만날 기회를 만들어 나가는 것이 인맥을 두텁게 만**

드는 비결입니다.

그런 의미에서라도 정기적으로 개최되는 스터디 등에는 꼭 참석하실 것을 권합니다. 저도 세무사협회에서 개최한 어느 스터디에 참석했던 것을 계기로 여러 세무사분들과 알게 되었고, 또 수임으로 이어지기도 했다는 건 앞에서도 말씀드렸습니다.

그리고 인맥 중에서 핵심이 되는 사람과 교류를 트는 것도 중요합니다. 그 사람의 소개를 통해서 순식간에 넓고 두터운 네트워크에 가세할 수 있으니까요. 처음부터 그런 핵심 인물(Key Man)을 만날 수 있는 경우는 거의 없습니다. 무조건 여러 모임에 참석해서 만나는 사람의 수를 늘려가는 수밖에 없는 겁니다.

명함을 뿌리고 다닌 것을 헛되이 하고 싶지 않으시다구요?

안심하세요. 저의 경우를 말씀드리면, 명함이 어느 정도 나가기 시작하자 예전에 명함을 교환했던 분들에게서 사건을 의뢰해오는 전화들이 속속 들어왔으니까요.

성공한 변호사가 되기 위해

인맥을 견고하게 만들려거든
계속적인 만남의 찬스를 만들어라
사람은 몇 번씩 만나봐야 친근감이 싹트는 법이다

시대적 흐름을 꿰뚫는 정보수집력

'전문성'을 유지하려면 잠시도 쉬지 않고 정보수집을 해야 합니다.

특히, 신문을 읽는 일은 변호사로서 당연한 일이지요. 저도 매일 아침, 여러 개의 신문들을 훑어본 후 일과 관련된 기사들이 있으면 오려뒀다가 나중에 항목별로 분류, 정리하는 습관을 들이고 있습니다. 수집한 기사들은 세미나나 책을 집필할 때 이용하고요.

저의 경우에는 전문분야와 직접 연관되는 '세금'이나 '주주총회', 그리고 '회계나 감사'나 '내부통제' 등에 관련된 기사뿐 아니라 사법·입법·행정에 관한 동향들에 대한 것에도 주의를 기울입니다.

왜냐 하면, 거기서 '시대적 흐름'을 읽을 수 있기 때문이지요.

다만, 신문이 반드시 시대적 흐름까지 쓰는 것은 아닙니다. 사실전달이 주되지요. 그러므로 기사내용을 그대로 받아들이지만 말고 행간을 읽도록 해야 합니다. 이전의 기사와 이번 기사 간에 차이나는 것들을 비교, 분석한 후 '시대가 이렇게 변했다.'거나 '이렇게 변하고 있다.'는 등의 세상의 움직임을 대국적으로 파악할 필요가 있습니다.

시대적 흐름에 따라서 저희들이 하는 일의 방향성도 크게 바뀝니다. 법률적인 범주에서만 일하다 보면 아무 것도 알 수가 없거든요. 세상이 돌아가는 전체상을 파악한 후에 자신이 어떤 사건을 어떻게 처리해야 할지를 생각해볼 필요가 있습니다.

신문이나 잡지, 전문서적이나 세미나, 이 모두가 소중한 정보원들입니다. 하지만, 이것만으로는 아직도 불충분합니다. 제가 가장 중시하고 있는 것은 '사람'에게서 얻는 정보들입니다.

가령, 사건에 관해서 아무리 골똘히 생각해 봐도 모르는 경우가 있지요. 그럴 때는 그 분야의 전문가들에게 물어봅니다. 그러면 바로 요점을 알게 돼서 시간을 허비하지 않고 끝날 수 있습니다.

혹은, 우수한 사람들이나 일류라 불리는 사람들과 같이 식사를 해봅니다. 그러면 밖에서는 알 수 없는, 그 자리에서만 얻을 수 있는 귀중한 정보들을 알게 돼서 시대적인 변화에도 흔들리지 않고 앞서갈 수 있는 거지요.

매스컴에서 얻는 정보들도 중요하지만, 정말 가치가 있는 것은 이러한 사람들을 통해서 얻는 '살아있는' 정보인 것입니다.

성공한 변호사가 되기 위해

신문이나 잡지의 행간을 읽어라
일류라 불리는 사람들과 빈번히 정보를 교환하라
이것이 '시대적 흐름'을 간파하는 최고의 비결이다

의뢰인 일을 자신이 고민하지 마라

이기려고 노력했지만 소송에서 패하는 경우도 있습니다.

그러면 의뢰인과 한 몸이 되어 괴로워하는 변호사들이 있습니다. 졌다는 사실 때문에 마냥 심각해지는 거지요.

'의뢰인에게 미안하다.', '의뢰인이 안됐다.'는 기분이 드는 건 당연합니다.

그러나 할 만큼 하고 진 것이니 도리가 없는 일 아닙니까. 아무리 속을 끓여본들 한번 나온 결론을 뒤집을 수도 없고 말이지요. 고민해봤자 의뢰인에게 다시 승소를 안겨주지는 못합니다.

이런 일들은 상담할 때도 나타납니다.

애초에 의뢰인들은 골칫거리를 안고 있기 때문에 저희들에게 상담하러 오는 겁니다. 그런데도 우리 변호사까지 덩달아 골머리를 썩이면 되겠습니까? 전혀 문제가 해결되는 것도 아닌데 말이에요.

저희 변호사들은 언제나 냉정하고도 객관적인 입장을 고수하지 않으면 안 됩니다. 그것이 적절한 해결책을 발견하는 것도 쉽게 만들고, 또 의뢰인을 위한 길이기도 하거든요.

때문에 저는 고민하지 않습니다.

'토리카이는 너무 냉정한 인간이다.'라고 생각할지도 모르지만, 변호사의 임무는 의뢰인과 같이 고민하는 것이 아니라, 의뢰인의 고민을 해결하는 데 있는 겁니다.

결과는 결과로서 솔직하게 받아들이고, 그때 배우고 느낀 경험들은 다음에 활용하십시오.

앞에서도 말씀드렸지만, 설사 나쁜 결과가 나왔더라도 솔직하게 받아들일 수만 있으면 고민할 일도 없어집니다. 제대로 안 받아들이니까 괴로운 겁니다.

언제나 냉정한 눈으로 문제를 바라보는 것.

이 역시 성공한 변호사에게는 불가결한 소양 중의 하나입니다.

성공한 변호사가 되기 위해

클라이언트와 같이 고민하지 마라
냉정하고 객관적인 눈을 가지고
고민을 해결하는 것이 변호사가 할 일이다

진정한 적을 알라

독립해서 개업한 후 세법을 전문분야 중의 하나로 삼기로 정하고 세무소송을 맡기 시작했습니다. 그런데 처음 7, 8년간은 한 건도 이기지를 못했습니다. 말 그대로 백전 백패였지요.

내용으로만 보면 당연히 이겨야 할 사건인데도 지고 말았습니다. 이상하지요.

처음에는 법원의 판단이 잘못되었다고만 생각했습니다. 그런데 재판을 계속 하는 사이 그렇지 않다는 사실을 깨달았습니다.

질 수밖에 없었던 이유 중 태반은 제게 있었던 겁니다. 한 마디로, 당시의 제 일처리 방식으로는 판사를 납득시킬 만한 자료나 설득력이 부족했습니다. **승소를 가로막은 적이 다름 아닌 저 자신이었던 거지요**.

판사를 설득시키려면 판사의 시각에서 증거를 모으고 변론을 해야 합니다. 그런데도 저는 그런 것들이 전혀 안 되어 있었습니다. 납세자의 시각만 가지고 사물을 보고 있었던 거지요.

판결 내용은 판사가 결정하는 것이니, 판사의 심리를 알지 못하면 이길 수 없습니다. 판사가 어떻게 생각하고 어떻게 판단하는지를 알아야, 그리고 **판사의 마음을 움직여야 비로소 승소의 열매를 거머쥘 수 있는 겁니다**.

아마, 당시 제가 진행하던 방식으로는 판사가 봤을 때, '이 정도면 승소시켜 줘도 되겠다.' 라는 심정이 들 정도의 수준에는 도달하지 못했던 거겠지요. 지금 생각하면 변호하는 쪽의 일방적인 정의감, 강요된 정의감만을 내세웠던 게 아닌가 생각됩니다.

이것은 변호사시험과도 너무나 유사합니다. 채점하는 건 채점자인데도 '이게 옳아' 라고 고집부리며 자기 방식으로 답안을 작성하곤 하지요. 그래서야 합격할 수 있겠습니까?

재판에서도 마찬가지입니다. 판사가 요구하고 있는 것은 전혀 딴 사항인데도 주장에서 언급도 전혀 하지 않았고 증거 역시 갖추지 못했다면 이기는 걸 단념해야겠지요.

그 이후에, 판사의 입장에서 생각할 수 있게 되면서부터는 이기는 재판이 많아지더군요. 판사가 요구하는 증거들을 수집해 갔더니 이기게 되었던 겁니다.

성공한 변호사가 되기 위해

재판에 이기려면
판사의 시각에서 바라봐라
승소에 필요한 재료들이 보일 것이다

라 이벌에게서 배워라

최근, 저희 사무실에 '승소연구회'라는 걸 만들었습니다. 다른 변호사들이 승소한 사건들을 모아, '어떤 식으로 재판에 이길 수 있었는지'에 대해 그 이유를 연구하는 모임입니다.

판례뿐 아니라, 실제 재판자료들을 열람한 후 승소한 요인들을 리포트로 정리해서 발표하고, 또 그에 관해서 사무실 내의 세무소송 담당변호사들이 함께 모여 서로 협의합니다.

벌써 1년 이상이나 계속하고 있는데, 이것을 통해서 변호사들의 기량이 상당히 향상되었다고 생각됩니다. 발표수준은 사람마다 모두 다르지만, 모임에서 연구한 것들을 솔직하게 받아들이고 실천하는 사람들은 역시 서류를 작성하는 방식에서도 커다란 변화가 엿보이더군요.

제가 이런 연구회를 시작하게 된 것은 '재판에서 이기려면 이기기 위한 방법을 알고 있어야 한다.'는 것을 절실히 느꼈기 때문입니다.

앞에서도 말씀드렸지만, 저는 7, 8년간이나 세무소송에서 내리 패소만 했습니다. 그 이유 중 첫 번째는 '판사의 입장에서 사건을 보지 않았다.'는 것이었지요. 즉, 이기는 방법을 몰랐기 때문에 줄곧 지기만 했던 겁니다.

하지만, 판사의 입장에서 증거를 준비하고 변론을 하게 되자 점점 이기는 사건들도 많아지게 되더군요.

재판에서 승소했다는 건 곧 판사의 마음을 움직였다는 것을 의미합니다. 왜냐하면, '마음을 움직인 이유가 어디에 있었는지'를 연구해 봤더니, 자연히 '판사가 무엇을 요구하고 있는지를 알았던 것 아니냐'라는 생각이 들기 때문이지요. 구성이 괜찮은 사건이거나 판사의 발상 혹은 생각을 알게 되면 재판에서 이길 가능성도 높아집니다.

그것을 위해서는 실무를 통해 경험을 쌓는 건 물론이고, **다른 변호사들의 승소사건에서 '이기는 패턴'을 찾아내, 자신의 것으로 만드는 것 역시 중요합니다**.

남에게서 무언가를 배운다는 것, 특히 저희 변호사들의 경우에는 다른 변호사나 판사로부터 배우는 것이 상당한 의미를 갖습니다. 솔직한 태도가 중요한 거지요.

성공한 변호사가 되기 위해

다른 변호사들이 다른
승소사건은 보물섬과도 같다
재판에 이길 수 있는 비결이 넘쳐 나기 때문이다

일찍 자고 일찍 일어나도록 노력하라

'아침이 오면 다 잘 될 거야!'

이것이 제 신조입니다. 일찍 자고 일찍 일어나는 것이 옛날부터 들여온 습관입니다. 어릴 때부터 부모님으로부터 그렇게 교육받았습니다. 이런 습관은 부모님에게서 물려받은 최고의 유산인 셈이지요.

아무리 바빠도 밤을 지새웠던 적은 없습니다. 일이 남아 있으면 아침 일찍 일어나서 하고요.

새벽 2시쯤 일어나면 아침이 될 때까지 꽤나 많은 일들을 처리할 수가 있고, 또 한숨 자고 일어나면 기분도 개운해질 뿐 아니라 새로운 아이디어도 팍팍 솟는 느낌입니다.

성공한 경영자들 중에는 일찍 자고 일찍 일어나는 습관을 가진 사람들이 많은 것도 다 수긍이 갑니다. 이른 아침 시간만큼 생산성이 높은 시간도 없으니까요.

저도 아침형 인간이어서 얼마나 다행인지 모릅니다. 아침에는 그 누구로부터도 방해받지 않고 일을 할 수 있는데다, **아침에 3-4 시간 정도 시간을 확보할 수 있으면 대부분의 일들을 정리할 수가 있습니다**.

게다가, 아침시간을 유용하게 사용하면 '일을 했다.'는 기분이 들어, 그날 하루를 기분 좋게 지낼 수가 있습니다. 일찍 일어날수록 그만큼 멋진 하루가 생기는 거지요.

또, 전날 불쾌했던 일이나 커다란 문젯거리가 발생했더라도 자고나면 기분전환이 되므로 아침에는 활기차게 일어날 수 있습니다.

일찍 자고 일찍 일어나는 습관을 붙여준 저희 부모님들께는 정말이지 감사하고 있습니다. 필연적으로 성공하는 사람이 될 수 있는 훈련을 시켜주신 거니까요.

일찍 자고 일찍 일어나 아침시간을 유용하게 활용하게 되면 일의 효율도 높아지고 하루하루를 쾌적하게 지낼 수 있을 겁니다.

제가 실감한 바로는, 일찍 일어나는 습관이야말로 '성공한' 변호사가 되기 위한 비결이 아닌가 생각되는군요.

성공한 변호사가 되기 위해

일찍 자고 일찍 일어나는 것은 황금과도 같은 습관이다
아침 시간을 유용하게 활용하는 것이
성공하는 비결이다

쉴 때는 쉬어라

한 주에 한 번, 머리를 재설정(Reset)시킬 수 있는 시간을 가지세요. 머릿속을 백지상태로 만들어 주면 새로운 활력이 생길 겁니다.

제일 이상적인 건 '매일 설정(everyday reset)'하는 거지만, 저는 매일 아침 기도로서 그것을 대신합니다.

저희 변호사들의 업무는 의뢰인들의 고민이나 문제들을 해결해 주는 것입니다. 그만큼 의뢰인들이 안고 있는 스트레스를 직접적으로 받아들이게 되는 거지요.

'그에 대해선 별로 신경을 안 쓴다.'는 사람조차 분명히 스트레스를 받고 있을 겁니다.

그 증거로, 저 역시 머릿속으로는 언제나 일에 대해서 생각하고 있으니까요.

특히, 제 경우에는 변호사로서뿐 아니라, 경영자로서도 신경 쓰이는 일이나 부아가 터지는 일들에 자주 맞닥뜨립니다. 그런데도 걱정하지도 않고 화도 안 내고 그저 참는다고 해봅시다. 그러면 반드시 그것들은 머릿속 어딘가에 남게 될 것입니다.

그런 머릿속에 고여 있는 응어리들을 적어도 일주일에 한 번쯤은 말끔히 씻어낸 후 머리를 재설정(reset)하거나 백지상태로 만들어주는 시간을 갖는 거지요.

'머리를 재정리한다거나 백지상태로 만든다.'는 건 주산 용어로 말하자면 머릿속을 '떨고 다시 놓는…' 겁니다.

그리고 놀 때는 일에 대한 건 모두 잊어버리고 머릿속을 완전히 백지상태로 만들어 줍니다.

그러면 스트레스가 발산이 돼서 활기찬 상태로 되돌아오더군요. 그 효과는 정말이지 매우 큽니다.

아무리 힘든 일이나 싫은 일이 있더라도 머릿속이 백지상태로 되면 간단히 해결할 수 있습니다. 그리 하면 자연스레 일할 기력도 솟구쳐나게 되고요.

재설정하는 방법은 무엇이든 상관없습니다. 스포츠를 즐겨도 좋고, 그림을 그리거나 영화를 보는 등 사람마다 다 다를 겁니다. 저도 나름대로 방법을 터득하고 있습니다.

자신에게 알맞은 스트레스 발산법을 찾아내서, 새로운 기분으로 또 다른 한 주를 맞이하도록 하세요. 그것이 일의 성과나 효율도 향상시켜 줄 거니까요.

성공한 변호사가 되기 위해

한 주에 한 번 머리를 재설정(reset)하여라
놀 때는 철저히 놀고
쉴 때는 푹 쉬어라

5장의 포인트

- □ 남들이 할 수 있는 일은 남에게 맡겨라!
- □ 사람들 앞에서 말하는 힘을 마스터하라!
- □ 변호사는 신용이 생명이다!
- □ 교섭이건 설득이건 신뢰관계가 중요하다!
- □ 계속적으로 만나는 인맥을 강고히 하라!
- □ 정보수집을 통해 시대적 흐름을 잡아라!
- □ 판사의 심리를 연구해서 승소율을 높여라!
- □ 한 주에 한 번은 머릿속을 reset하여라!

6 장

성공한 변호사의 마인드를 배워라 !

운을 끌어당긴다 !

성공한 변호사의 사고술

패배가 출발점

제 인생에서 '패배'는 바로 출발점입니다.

그렇기 때문에 저는 지더라도 신경 쓰지 않습니다. '좋아, 한 번 더 해보지 뭐'라는 기분이 될 뿐이지요.

제 입으로 말씀드리는 건 좀 그렇지만, 저는 아무리 실패를 하더라도 전혀 주저앉거나 실망하지 않습니다. 시험에서도 그렇게 실패했고, 세무소송에서도 줄곧 지기만 했습니다. 지는 데는 이제 면역이 생겼다고나 할까요.

여러 분들 중에는 패배를 '출발점(startline)'이 아니라, '끝났다(game over)'고 생각하는 사람은 안 계신가요?

저는 그런 사람을 몇 명이나 봐 왔습니다. 대부분이 여태 살면서 그다지 좌절을 경험해보지 못한, 말하자면 엘리트들이었지요.

가령, 주변에 있는 우수한 변호사와 자신을 비교하고는 자신감을 잃어버린 사람들. 혹은 처음 손댄 굵직한 사건에 패소했다는 이유로 정신적으로 회복하지 못하는 사람들처럼요.

이런 사람들은 좌절감을 맛보지 못했던 만큼 정신 역시도 예민한 거겠지요. 깨지기 쉬운 유리와 같은 마음을 가지고 있는지도 모릅니다.

그렇지만 져봐야 진짜 인생을 알 수가 있습니다.

패배는 마이너스(-)가 아니라 제로(0)입니다. 진짜 출발점이니까요.

다시 한 번 각오를 다져 출발해보세요.

처음에는 힘들지 모르지만, 지금의 상황을 솔직히 받아들이려 노력한다면 언젠가는 괴로움도 사라져 이전과 똑같은 긍정적인 자기 자신으로 되돌아올 것입니다.

지금까지 수없이 패배와 좌절을 경험해본 제가 드리는 말씀이니 틀림없을 겁니다. 그리고 가능하면 다른 사람들이 '좌절'로 생각할 것들을 '좌절'이라 생각지 않는 강인한 정신력을 기르십시오.

패배는 출발점인 동시에 새로운 기회의 개막일 따름이니까요.

성공한 변호사가 되기 위해

패배는 출발점이다
새로운 기회의 개막이다
끝났다고 잘못 생각하지 마라

다 잘 될 거야

제가 성공한 가장 큰 이유는 고시생 시절 뼈저리게 고생을 해봤기 때문입니다.

고시생 시절, 정신적으로 불안정하고, '이대로 허무하게 인생이 끝나는 건 아닐까' 하고 괴로워 한 시기도 있었습니다. 하지만, 막다른 곳까지 내몰리고 밑바닥으로까지 떨어졌을 때 제 인생의 갈림길이라 할 만한 순간이 찾아오더군요.

'이대로 허무하게 끝나더라도 상관은 없다. 하지만, 진짜 그건 그렇게 됐을 때 생각하자'라고 마음을 가다듬었습니다. 그 순간을 기점 삼아, 저는 그때까지 가졌던 마이너스적인 사고에서 플러스적인 사고로 전환하게 되었습니다.

설사, 지금 **당신이 어떤 곤경에 처해 있건 다 잘 될 겁니다**.

어떤 계기만 주어진다면 사람들은 반드시 재기할 수 있습니다. 누구에게나 재기할 가능성은 언제나 있는 것이니, 결국은 그것을 만나느냐 못 만나느냐의 차이에 불과할 뿐입니다.

'나는 아직 할 수 있다.'는 생각만 할 수 있으면, 혹은 그렇게 생각하도록 만들어 주는 사람을 만날 수만 있으면, 그 순간 당신의 인생은 크게 바뀔 겁니다.

가능하면 플러스적인 말들을 많이 하도록 하세요. 그러면 자신이 한 말의 힘에 끌려들어가 점점 더 플러스적인 사고를 하게 될 겁니다. 플러스적인 사고를 하게 되면 신기하게도 플러스적인 말밖에 안 나옵니다. 또, 무엇이든 플러스적인 방향으로만 생각하게 될 겁니다. 이것을 반복하는 사이 가속도가 붙어서 완전히 플러스적으로 사고하는 머리를 갖게 될 겁니다.

사회적으로 높이 평가받고 있는 사람들 사이에 파고들어 가거나, 그들에 관련된 책을 읽어봐도 좋겠지요. 좋은 영향을 받으면 받을수록 자신감도 붙고, 적극적이고 긍정적인 머리로 바뀌어가게 될 겁니다.

중요한 건, 당신이 생각을 어떤 식으로 하느냐 입니다.

생각을 바꾸면 쓸모없는 인간이라도 멋진 사람으로 거듭나거든요. 과거의 제가 그러 했듯, 지금 아무리 잘 안 풀리더라도 반드시 다 잘 될 겁니다.

성공한 변호사가 되기 위해

지금 아무리 잘 안 풀리더라도
반드시 다 잘 될 것이다
무슨 일이건 플러스적으로 생각하라

기대 받지 못한다면 기대받는 사람으로 바꾸어라

저는 주변 사람들의 기대에 어긋난 사람이었습니다. 수없이 좌절을 반복하다 만 39세에 사법시험에 합격했지요. 그때 겨우 인간대접을 받게 된 겁니다.

반면에, 학창시절에 합격해서 법조계로 들어오신 분들은 엘리트들입니다. 엘리트들은 가만히 있어도 주위 사람들의 기대를 받게 됩니다.

하지만, 제겐 그들처럼 화려한 경력도 없습니다.

그러니 기대받지 못한 사람이었던 것은 당연하겠지요.

예컨대, 사법시험 합격 후에 잠시 했던 학원강사 시절, '헌법'강의를 맡고 싶어 하는 사람들이 없다보니, 기대받지 못하던 제게 의뢰가 들어왔습니다. 그때 수강생이라곤 겨우 6명뿐이었지요. 그렇지만 충분한 시간을 들여 준비를 하고는 필사적으로 매달렸습니다. 그런 식으로 매번 반복하다 보니, 최단기간에 인기 강사가 되면서 이번엔 기대를 한 몸에 받게 되더군요.

변호사 일도 마찬가집니다. 처음에는 작고 하찮은 사건들뿐이었지요.

이렇게 저의 변호사 인생의 대부분은 '거절'에서 시작되었습니다. 주변 사람들은 제게 아무 것도 기대하질 않더군요. 당연히 기대받지 못하는 사람이니 좋은 일거리도 들어올 리 만무했지요.

그래도 상관없었습니다. 자기가 자신을 기대할 자유가 있으니까요.

기대받지 못한다면 그것을 자신의 힘으로 기대받도록 바꾸면 된다는 이야깁니다.

무엇이든 긍정적으로 생각하세요.

조금씩 '거절당할수록 투지가 솟구치는' 정신 구조로 바뀌어 갈 겁니다.

기대받지 못한다는 것이 부끄러운 일은 아닙니다. **최종적으로 좋은 결과를 내게 되면 그것이 기대로 바뀌게 될 거니까요**. 다른 사람의 기대가 없다는 건 성장할 기회가 있다는 것을 의미합니다.

변호사가 된 지 20년. 지금은 사회적으로 성공한 사람으로 취급받지만, 아직도 저는 충분하다는 생각이 안 듭니다. 여러 분들도 '기대받지 못한다.'고 한탄만 할 것이 아니라, 그것을 기대로 바꾸려는 노력을 해보십시오. 정말이지 재미있는 인생이 될 겁니다.

성공한 변호사가 되기 위해

기대받지 못한다면
기대받는 사람으로 바꾸려는 노력을 하라
그것이 성장의 계기가 된다

반했다면 철저히 좇아다녀라

계속 말씀드리는 거지만, 저는 쿠보리(久保利英明) 변호사님을 졸졸 따라 다녔습니다.

고용변호사 시절이던 1992년도에 아는 사람의 소개로 주주대표소송 세미나에 참가하게 되었습니다. 그때 강사로 오셨던 분이 쿠보리 변호사님입니다.

특별히 무슨 목적이 있어서 참석했던 것도 아니었습니다. '유명한 변호사님이 오신다니 시간도 있고, 한 번 가보기나 하자'라고 가볍게 생각해서 참석한 세미나였지요.

하지만, 쿠보리 변호사님의 말씀을 듣고 생각이 확 바뀌었습니다. '이렇게 재밌는 법률세계가 다 있다니!' 라고 엄청난 쇼크를 받았습니다.

쿠보리 변호사님은 대단히 명석하신데다, 말씀도 분명하고 쓸모없는 말이라곤 찾아볼 수 없는 분입니다. 게다가, 실제 사례를 들어가며 기업법무의 실태에 대해서 말씀해 주셨기 때문에 정말 재미있어 죽을 지경이었습니다. 그랬기 때문에 더더욱 가슴 설레며 이야기를 들었지요.

그 세미나를 계기로 저는 쿠보리 변호사님의 열렬한 팬이 되었고, 그때까지 전혀 접해보지 못하였던 '기업법무'의 세계로 진출하고 싶다는 생각을 가지게 되었습니다.

그 후, **쿠보리 변호사님의 세미나에는 거의 빠지지 않고 출석했습니다. 동경 근처뿐 아니라, 후쿠오카까지 쫓아간 적도 있었지요.**

줄기차게 쫓아다니다, 언젠가 한 번 변호사님과 이야기를 나누게 된 후로 지금은 세미나까지 같이 하는 영광을 가지게 되었습니다.

지금도 쿠보리 변호사님은 말씀하십니다. '자네처럼 공부한 놈도 없을 거네' 라고 말이지요.

그 정도로 변호사님께 반해서, 변호사님의 뛰어난 부분들을 도둑질하려고 필사적으로 공부했습니다. 그러다 마지막엔 세미나에서 변호사님이 놓치시는 부분까지도 도둑질했습니다. 이 분 외에 나카무라(中村直人) 변호사님으로부터도 많이 도둑질했구요.

누군가에게 반했다면 철저히 좇아다니십시오. 그리고 가지고 있는 것들을 전부 다 훔쳐내고, 그래도 부족하면 가지고 있지 않는 것들까지도 훔쳐내십시오. 그렇게 하면 자신만의 전문성을 기를 수 있을 겁니다.

성공한 변호사가 되기 위해

반했으면 끝까지 따라다녀라
뛰어난 부분을 훔쳐내라
그것이 자신만의 전문성을 길러준다

모르는 일도 맡아라

변호사가 되고나서 처음 의뢰받았던 세미나의 테마는 '지진 후의 법률문제' 였습니다.

지난 한신·아와지(阪神·淡路) 대지진이 발생했던 해의 일인데, 지진 발생 후에 나타난 법률문제들이나 그 대응책에 대해서 강연해 달라는 내용이더군요.

막상 의뢰는 받았지만, 저는 그 분야의 전문가도 아닌데다 당시에는 그런 내용을 테마로 다룬 문헌조차 찾을 수 없었습니다.

그렇다고 거절할 생각은 추호도 없었습니다.

언젠가 세미나에서 강의하고 싶다는 생각을 하고 있던 터였기 때문에 둘도 없는 찬스라고 생각했지요. 어떻게든 성공적으로 해보고 싶은 마음에 쿠보리 변호사님께 상담하러 갔습니다.

저의 질문을 들은 변호사님은, '아마, 이게 중요하지 않겠나' 라고 하시며 힌트를 주시더군요. 저는 그 힌트를 뼈대삼아 세미나를 구성해보기로 했습니다. 뼈대만 세울 수 있으면 그에 붙일 부분들은 어떻게든 만들 수 있을 거니까요.

지진에는 위기관리적인 요소도 필요하기 때문에, 그에 관련된 문헌들을 찾아 좀 더 살점을 붙여갔습니다.

그때 세미나를 담당하셨던 분은, 지금은 상사법무 사장님으로 계신 오바야시(大林讓)씨였습니다. 저의 강의 모습과 방청객들의 반응을 보고 '잘만 하면 써먹을 수 있겠다.'라고 판단하신 모양입니다. 그 후에도 기업법무 세미나를 부탁하셨거든요. 그 결과, 고용변호사 시절 꿈에서나 그리던 쿠보리 변호사님이나 나카무라 변호사님 옆에도 설 수 있게 되었습니다.

제가 변호사 랭킹 안에 들어갈 수 있었던 것도 다 이 세 분의 힘이 있었기에 가능했습니다. 쿠보리 변호사님이나 나카무라 변호사님 옆에 붙어 있었기 때문에 부차적으로 평가받을 수 있게 된 거지요.

모른다고 절대 바로 거절해서는 안 됩니다. 분명, 뭐든 할 수 있는 일이 있을 겁니다. 절대로 끝까지 포기하지 말고 찬스를 거머쥐려는 노력을 하십시오.

성공한 변호사가 되기 위해

몰라도
일은 맡아라
그것이 다음 찬스로 이어진다

거절을 기뻐하라

지금까지의 제 변호사 생활을 뒤돌아보면, '거절'만큼 고마운 것도 없었다는 생각이 듭니다. 거절은 신이 주신 은혜입니다.

저는 늘 **거절당하는 데서부터 시작했지만, 수없이 그것들을 찬스로 바꾸어 왔습니다**. 합격하기까지 십여 년이 걸렸던 사법시험이 그러했고, 할 사람이 없어서 의뢰받게 된 강사일이 그러했으며, 몇 년 동안이나 줄곧 지기만 했던 세무소송, 그리고 저의 은사님인 쿠보리 변호사님과의 만남이 그러했습니다.

앞에서도 말씀드렸듯, 저는 한때 쿠보리 변호사님의 꽁무니만 졸졸 따라다녔습니다. 하지만, 그러는 동안 변호사님과 잠시라도 친하게 대화를 주고받은 적은 한 번도 없었습니다. 제가 일방적으로 들이댔을 따름입니다. 이것도 어떤 의미에서는 거절이지요.

예를 들면, 지금 일이 없다고 하는 사람도, 이 또한 거절의 일종입니다.

그렇지만 제 쪽에서 보면 '거절'은 절호의 찬스이기도 합니다.

자신의 힘으로 거절이라는 '벽'을 뛰어넘어 사건에 도달할 수 있는 사람은 세상에 그리 많지 않습니다. 극소수뿐이지요. 그렇기 때문에 그것을 해낸 사람들은 반드시 성공하게 되어 있습니다.

거절당하고 있다면 일은 스스로 찾아나서야 합니다. 자기 쪽에서 의뢰인들이 있는 곳으로 발을 옮겨야 합니다.

그런데, 이걸 '영업'이라는 관점에서 본다면 당연한 일 아닐까요. 변호사들 중에도 이런, '당연한 것들을 당연히 해내지 못하는 사람들이 많다.'고 저는 생각합니다.

거꾸로 말하면, 그것만 할 수 있다면 기회는 충분히 붙잡을 수 있습니다.

그런 식으로 거절을 뛰어넘고 가다보면 점차 '거절당할수록 투지가 솟구치게' 될 겁니다. 인간이란 원래 이상한 존재들이니까요.

거기까지만 갈 수 있으면 무서울 것도 없습니다.

거절당해본 사람일수록 중요한 것들을 익힐 기회가 생기는 법입니다. 이것은 '실패' 역시 마찬가지입니다. 성공은 사고방식만 바꾸면 필연적으로 따라오게 돼 있습니다.

성공한 변호사가 되기 위해

거절을 기뻐하라!
실패를 기뻐하라!
그 앞에는 기회가 널려 있다

기회는 기회라는 얼굴을 가지고 있지 않다

기회는 기회라는 얼굴을 갖고 있지 않습니다.

때로, 기회는 너무나 심술궂은 얼굴을 가지고 있습니다.

지금까지 저는, **처음엔 '싫게' 느껴졌던 일들도 결과적으로는 '좋았다'고 느낀 적이 여러 번 있었습니다**.

다만, 이것은 저처럼 덜 떨어진 사람에게나 적용되는 이야기입니다. 엘리트들에겐 기회라는 얼굴을 하고서 기회가 다가가거든요.

하지만, 저의 경우에는 그렇지를 못했습니다. 그러니까 무엇이건 달려들어 물고 늘어졌던 겁니다. 그런데 막상 실제로 해봤더니 결과적으로는 커다란 기회로 이어졌습니다.

반대로, '이건 분명 기회다!' 라고 생각했던 것들이 사실은 기회가 아니었던 경우도 많았습니다. 왜냐하면, 누구나 하고 있던 것들을 기회라고 착각했기 때문이지요. 말하자면, 그건 기회도 아무 것도 아니었습니다. 진짜 기회는 '지금까지 아무도 하지 않았고, 자신 역시 몰랐던 것'인 경우가 대부분입니다.

저희 사무실에서도 '해본 적이 없기 때문에 싫습니다.'라든가 '바빠서 싫습니다.'라는 식으로 거절하는 사람들이 있습니다. 성공하지 못하는 전형적인 타입들이지요.

일단, 일이라면 무엇이건 맡으세요. 찾아온 일들을 거절하지 마세요. 특히, 신참 시절에는 일을 골라서 해서는 안 됩니다. 일할 때 좋고 싫고를 말하는 사람치고 크게 되는 사람 못 봤습니다. 본인 스스로는 일만 골랐을 뿐이겠지만, 결과적으로는 기회까지 놓치고 있는 셈이기 때문이지요.

어느 정도 경험을 쌓게 되면 서서히 '이건 기회다.'라는 감이 작동하게 될 겁니다. 그런 느낌이 오는 일들을 사무실의 다른 변호사들이나 외부 사람들에게 부탁하면 '하기 싫다.'고 말하는 사람들이 있습니다. 이런 사람들은 모처럼 찾아온 기회도 놓쳐버린 것입니다. 일류 변호사로 되는 길이 의외로 쉬운데도 스스로 어렵게 만들고 있는 거지요.

일단, 일은 어떤 것이든 맡으십시오. 이것이 기회를 거머쥐는 최고의 비결입니다.

성공한 변호사가 되기 위해

기회는 기회의 얼굴을 하지 않는다
싫다고 느끼는 일일수록
기회인 때가 많다.

꿈은 끊임없이 이야기하라

독립했을 당시, 점심은 항상 셋이서 먹었습니다. 저와 여직원 두 명이서 말이지요.

그때 어떤 이야기를 했냐구요?

늘 미래에 대한 이야기들뿐이었습니다.

가령, '5년 후에는 변호사를 10명으로 늘리고 싶다.'거나 '훨씬 더 넓고 깨끗한 사무실로 옮기고 싶다.'거나 '신문에 날 정도로 굵직한 사건을 한 번 해봤으면 좋겠다.' 이런 식으로 말이지요.

언제나 이러한 **꿈에 대해서 이야기했지, '옛날엔 좋았는데'라는 등의 과거이야기는 일체 하지 않았습니다**.

꿈을 이야기하는 건 정말로 중요한 일입니다.

언젠가 그 말들이 힘을 발휘해서 정말로 꿈이 현실로 나타나게 되거든요.

그때, '변호사가 100명 쯤 되는 사무실을 만들고 싶다.'라는 이야기를 했었다면, 지금쯤 그리 됐을는지도 모르잖아요. 그만큼 말에는 힘이 있습니다.

제가 변호사가 될 수 있었던 것도 이런 말의 힘 때문인지도 모릅니다.

고등학교 3학년 때 우리 반에 교육실습 선생님이 들어오셨습니다. 아마 홈룸(HR, homeroom)시간이었던 걸로 기억합니다. 선생님은 전체 반원들에게 '장래의 꿈'에 대해서 물어보시더군요.

제가 제일 먼저 지명을 받았는데, 저는 순간적으로 '변호사가 될 겁니다.'라는 대답을 했습니다. 세무사이셨던 아버지에게서 '너는 법학부에 들어가 변호사가 되면 좋겠다. 변호사가 되면 분명히 너는 성공할 거다.'라는 말을 수없이 들었기 때문일 겁니다.

원래는, 형이 다니던 메이지(明治)대학 상대에 들어가서 아버지처럼 회계사가 되고 싶다는 생각을 했었는데, 실제로 입으로는 다른 말이 튀어 나온 겁니다.

지금 생각하면, 수없이 많은 좌절을 맛보면서도 결국에는 변호사로 될 수 있었던 것은, 아무래도 그때 아무 생각 없이 내뱉은 말이 저를 변호사 쪽으로 끌어당긴 거 아닌가 생각됩니다.

꿈이나 목표는 끊임없이 이야기하십시오. 그러면, 시간은 좀 걸릴지 모르지만, 진짜 그렇게 될 겁니다. 말이 씨가 돼서 꽃피우게 될 겁니다.

성공한 변호사가 되기 위해

말의 힘은 위대하다
꿈을 끊임없이 이야기하면
그것이 실현된다

목표는 종이에 써라

목표는 종이에 써서 어딘가에 붙여두면 실현하기가 쉬워집니다.

독립하기 전에 있었던 일입니다. 당시, 아들이 다니고 있던 유치원에 칠월 칠석(七夕) 모임이 있었는데, 아빠인 저도 종이에 소원을 하나 적어서 걸어두기로 했습니다. 그때, 저는 독립 후에 이루고 싶은 꿈이었던, 독립 첫해 매출목표를 적었습니다. 처음에는 '매출 1억 엔!'이라고 생각했다가, 갑자기 이건 무리일 것이라는 생각이 들었습니다.

고민 고민 하다 적은 금액이 '5,000만 엔'이었습니다. 어렵지 않을까 생각은 됐지만, 그 중에서 제일 큰 액수로 적다 보니 이 숫자에 낙찰을 본 것이었습니다.

지금 생각하면, 아득한 절벽 위에서 뛰어내리는 기분이었다고나 할까요. 사무실을 마련한 지 얼마 되지도 않은 시기의 매출액이니 말이지요.

하지만, **실지로는 1년 만에 목표액을 넘어버렸습니다**. 그때는 제 자신도 믿을 수가 없더군요. 그렇게 빨리 목표를 달성할 수 있었던 데에는 두 가지 이유가 있습니다.

하나는, 앞에서 말씀드린 대로 목표를 종이에 써서 명확히 했기 때문입니다. 사람은 원래 목표가 분명해지면 그것을 향해서 일사불란하게 노력하게 돼있습니다.

다른 하나는, 독립했을 때 응원해주신 분들이 생각 외로 많았는데, 그 분들이 많은 사건들을 소개해 주셨기 때문입니다. 제가 고문을 맡고 있는 회사도 처음에는 제로(0)에서 시작해서 지금은 100개 회사를 넘었습니다.

변호사들 중에는 고문을 맡지 않는 사람도 있더군요. 그래도 일이 들어오기 때문이지요. 하지만, 저는 가능하면 고문하는 곳을 늘리는 것이 좋다고 생각합니다.

아는 사람 중에 공인회계사인 혼고 요시히로(本郷孔洋) 선생이 이런 말씀을 하시더군요. '양(量)은 질(質)로 바뀐다.'고요. 양이 많아지면 여러 종류의 의뢰사건들이 들어오게 됩니다. 그러면 점차 사건의 질도 올라가게 되는 거지요. 실제로 그랬습니다. 고문처가 10개사, 20개사, 30개사 …… 50개사, 100개사로 늘어나니까 질적으로도 좋은 사건들로 연결될 가능성이 높아졌거든요.

목표를 종이에 적어 보십시오. 그것을 향해 노력해 보십시오. 그러면 운도 따라오게 될 것입니다.

성공한 변호사가 되기 위해

목표는 종이에 적으면 실현하기가 쉬워진다
그것을 위해 노력하는 순간
운도 뒤따라 온다

명저는 반복해서 읽어라

좋은 책(名著)을 읽고 나면 기운이 솟고, 꿈을 향해 나아갈 용기가 생깁니다.

인간은 기운이 나면 뭐든 할 수 있습니다. 기운만 있으면 어떤 고난도 극복할 수 있거든요.

신약성서와 델 카네기의 “길은 열린다”, 이 두 권은 고시생 시절, 제게 있어 가장 힘들었던 시기에 도움이 되었던 책입니다. 여러 번 반복해 읽으면서 구렁텅이 상태를 빠져 나올 수 있었지요.

지금도 늘 책상 옆에 놓아두고 읽는 것은 야스오카 마사히로(安岡正篤),[9] 나카무라 텐푸(中村天風),[10] 사토 잇사이(佐藤一斎),[11] 니노

9) 야스오카 마사히로[安岡正篤, 1898~1983] 패전 후의 수렁에서 패배감과 운명론적 허무주의에 사로잡혔던 일본국민들에게 '운명은 개척할 수 있다'고 가르쳐 그들을 정신적으로 일으켜 세우고 정 · 재계 인사들을 계몽, 국민적인 존경을 받는 인물이다. 일본의 역대총리들이 '정치의 요체'를 물었던 사부(師父)이자 동양철학의 권위자. 20대 초반에 이미 양명학(陽明學)과 동양철학으로 이름을 떨친 그는 전후의 일본에 희망을 심어주고 기능주의로 치닫는 일본인들에게 인간화를 역설, 젊은이들이 스스로 깨닫고 노력해서 자기 운명을 개척해 가도록 많은 강연과 글을 썼다. 또 일본농사(農士)학교를 세워 동양사상의 연구와 후진 양성에 종사했고 사우회(社友會)를 설립, 정 · 재계 인사들을 교화하는 데 애썼다. 전후 일본의 가장 강력한 수상으로 오늘날의 경제대국 일본으로 재기할 수 있는 바탕을 마련한 요시다는 20세나 손아래인 야스오카를 노사(老師)라 불렀으며 역대 수상들이 국내외의 어려운 문제에 부딪힐 때마다 자문을 받을 정도로 그의 영향력은 컸다. 따라서 그의 책들은 출간될 때마다 화제가 되었으며, 일본에 관심이 많은 우리의 재계원로들 가운데는 일본어로 된 그의 책을 읽고 사원들의 정신교육에 활용한 사람들이 많은 것으로 알려져 있다. 그의

미야 손토쿠(二宮尊德),[12] 이 네 분들이 남긴 '기운 나는 말들'을 정

강연을 모은 여러 책 중에서 〈운명을 만든다〉와 〈운명을 연다〉를 발췌 번역한 책이 〈운명을 바꿀 수 있다〉(도서출판 청산)라는 책이다(역자 주).

10) 나카무라 텐푸[中村天風, 1876-1968] 도교의 유서 깊은 집안에서 태어나 러일전쟁과 청일전쟁 당시 비밀정보요원으로 맹활약했지만 서른살에 우연히 찾아든 결핵으로 생사의 갈림길에 서게 된다. 치료법을 찾아 떠돌던 중 카이로에서 우연히 만난 요가의 철인에게 이끌려 히말라야 산중에서 요가의 진리를 깨닫고 병을 고쳤다. 귀국 후 사업가로 일하다가 어느 날 홀연히 모든 것을 버리고 인간을 고통에서 해방시키기 위한 설교를 시작해 죽을 때까지 계속했다. 그의 평범치 않은 인생 체험은 텐푸철학으로 집대성되었다. 텐푸철학의 기본 이념은 인생에서 일어나는 모든 일은 자신의 마음에서 일어난 것이며 진심으로 원하면 뭐든 반드시 이루어진다는 것이 그 요체다. 텐푸는 일본의 정계, 재계, 황실에서 예능계까지 막대한 영향력을 미쳤다. 현재 텐푸철학을 신봉하고 가르침을 전수받은 사람들은 파나소닉의 설립자 마쓰시타 고노스케 등 유명인을 비롯하여 100만명이 넘는다고 알려져 있다(역자 주).

11) 사토 잇사이[佐藤一齊, 1772 - 1859] 일본 에도 시대[江戸時代] 말기의 유학자. 무술 · 병학 · 예법까지 널리 배워 19세 때 이와무라 한[岩村藩] 한슈[藩主]의 시종이 되어 한슈의 셋째 아들 고[衡 : 하야시 즛사이(林述齊)]와 함께 수학했다. 1792년 하야시의 권유로 오사카[大阪]에 유학하여 역법과 수학을 배웠다. 1826년 이와무라 한의 정치에 참여해 저명한 양명학자를 다수 배출했다. 1841년 바쿠후[幕府]의 명을 받아 유관(儒官)이 된 후 다이묘[大名] 이하 3,000여 명의 문하생을 두고 쇼군[將軍]에게 역(易)을 강의하거나 바쿠후의 정무책에도 관여했다. 그의 학문은 표면상으로는 주자학을 취했지만 양명학을 존중했으므로 '양주음왕'(陽朱陰王)이라는 비판을 받기도 했다. 문하에 와타나베 가잔[渡邊華山], 사쿠마 조잔[佐久間象山], 요코이 쇼난[橫井小楠] 등의 수재들이 배출되었다(역자 주).

12) 니노미야 손토쿠[二宮尊德, 1787~1856] 일본 에도시대[江戸時代] 말기의 농정가(農政家). 1822년 이래 오다와라한의 영내 농촌경영에 수완을 발휘하였으며, 다시 막부에 초빙되어 닛코[日光] 등 각지의 황무지 개척과 농촌 재건에 성공하였다. 보통 불리는 이름은 긴지로[金次郎]. 실제 이름은 다카노리[尊德]. 농부의 아들로 태어나 일찍 부모를 여의고, 19세에 독립, 26세 때 오다와라한[小田原藩]의 가로[家老]인 핫토리가[服部家]를 섬기는 하급무사가 되었으며, 29세 때 가사(家事) 정리를 맡아 이의 재건에 성공하였다. 1822년 이래 오다와라한의 영내 농촌경영에 수완을 발휘하였으며, 다시 막부에 초빙되어 닛코[日光] 등 각지의 황무지 개척과 농촌 재건에 성공하였다. 그의 사상은 덕치주의를 근본으로 하였으며, 불교·신도(神道) 등을 혼합한 심학풍(心學風)의 서민적인 교학

리한 책입니다.

이 외에도 마쓰시타나 벤자민 프랭클린의 자서전 등 수많은 명저의 도움을 받으면서 여기까지 왔습니다.

명저를 읽었을 때의 효용에 대해 말씀드린다면, 크게 두 가지가 아닐까 생각합니다. 한 가지는 기운이 난다는 점. 다른 한 가지는 실생활에 활용할 수 있다는 점입니다. **명저에는 누구나 인생에서 직면하게 되는 문제들이나 그 해결법들이 적혀 있습니다. 그렇기 때문에 오랫동안 많은 사람들에게 읽히고 있는 거겠지요.**

명저에는 모두 제각기 독립된 내용들을 담고 있습니다. 하지만, 그 본질은 모두 '인간'에 있다는 데 공통되어 있습니다. 그러므로 최종적으로는 '인간론'이나 '본질론'에 관한 이야기가 되는 거지요.

한 명의 인간이 만들어내는 것이 '인생'이고, 복수의 인간이 모여 만들어내는 것이 '회사'나 '사회'입니다. 즉, 인생이건 회사건 사회건, 모두 '인간'에게 달려 있다는 말이지요. 그러므로 인간이 바뀌면 인생도 바뀌고 회사도 바뀌고 사회도 바뀌게 될 겁니다.

이러한 사실을 여러 국면에서 설명하고 있는 것이 명저입니다.

명저를 읽으면 인간을 알 수가 있습니다. 그러면 인생이나 회사나 사회에 대해서도 알 수 있게 되지요. 그리 되면 그때그때마다 어떠한 생각을 가지고 대처하면 좋을지에 대한 판단도 서게 됩니다.

그것만 알면, 그 후에는 실천만 남게 되는 거지요.

다만, 실천한다는 게 참으로 어렵습니다. 하지만, 어렵더라도 계

이었다(역자 주).

속해 나가다 보면 최종적으로는 '자신이 생각한 것은 실현된다.' 라는 성공한 사람들이 가지고 있는 발상에 도달하게 될 것입니다. 그 결과, 성공한 사람도 되는 것이고요.

성공한 변호사가 되기 위해

명저를 반복해서 읽다 보면
사람, 회사, 사회의 본질을 깨닫게 된다
그리고 무엇보다 기운이 난다

스승을 가져라

제게는 많은 '스승'들이 있습니다. 제 맘대로 '내 인생의 세 가지 보물'이라고 부르고 있는 분은 야스오카 마사히로(安岡正篤), 나카무라 텐푸(中村天風), 니노미야 손토쿠(二宮尊德) 이들 세 분입니다.

야스오카는 중국고전에 밝았던 양명학자입니다. 이 분에게서, 리더에게는 '지식', '식견', '담력'이라는 세 가지가 필요하다는 사실을 배웠습니다.

'지식'은 여러 다양한 것들을 사고하기 위한 도구입니다. 그리고 그러한 도구를 사용해서 장래를 향해 정확한 예측을 하게 하는 것이 '식견'이고요. 대중들은 보통 장래를 예측하지 못하기 때문에, '정확한 예측'은 언제나 소수자의 손에 달려 있습니다. 다수와는 다른 뭔가를 실행하려면 상당한 담력이 있어야 합니다. 그렇기 때문에 마지막으로 '담력'이 필요한 겁니다.

즉, 리더는 소수의견을 다수의견으로 바꿀 수 있을 정도의 '식견'과 '담력'을 갖춘 인물이어야 합니다.

나카무라는 철저하게 긍정적인 사고를 가졌던 인물입니다. '생각한 것은 반드시 실현된다.', '자기 자신이 힘이다.'라는, 인간의 잠재의식에 관해서 역설하기 때문에 책을 읽다보면 자기도 모르게 기운이 납니다.

니노미야는 알고 계실지 모르지만, '심전(心田)개발(開發)', '새로운 마음의 밭을 개척하지 않으면 마음이 황폐해진다.'라는 말을 하면서, 낡고 황폐한 농가나 무사집안의 가옥들을 복구하여 희망을 잃은 사람들에게서 '의욕'을 불러일으킨 인물입니다. '재건의 신'이라고도 불리지요.

저의 스승으로는 이밖에도 여러 분 계십니다. 변호사 스승으로는 이미 본서에서도 여러 번 등장하고 있는 쿠보리 변호사님과 나카무라 변호사님이고요. 경영에서의 스승은 마쓰시타(松下幸之助), 앤드류 카네기, 제너럴 존슨이고, 인생의 스승으로는 사카모토 료마(坂本龍馬)[13]와 호죠 소운(北条早雲)[14]입니다.

스승을 갖는다는 것은 자신이 지향해야 할 이상적인 이미지를 갖는다는 것을 의미합니다. 자신이 그 이상을 향해서 어디까지 다가갈 수 있는지, 동시에 어디까지 자신을 보여줄 수 있는지가 스승을 가짐으로써 크게 성장할 것이기 때문입니다. 스승의 존재는 인생을 빛나게 바꿔줄 것입니다.

성공한 변호사가 되기 위해

스승을 가져라!
스승을 가지게 되면
사람은 크게 성장한다

13) 일본의 무사이자 명치유신에 영향을 준 정치가로, 무기수입에 열을 올린 실업가였음(역자 주).

14) 옛날 일본의 무사(역자 주).

실수를 두려워 마라

가령, 회의 등을 할 때 전혀 발언하지 않는 변호사들이 있습니다. 아마 자신이 없기 때문에 발언을 못하는 것이겠지요. 하지만, 그런 사람들은 변호사로서는 실격입니다.

실수나 착각은 누구나 하기 마련입니다. 그런 것들을 하나하나 신경쓰다보면 할 일을 못하게 됩니다.

저 역시 지금도 실수나 착각을 지적받는 경우가 간혹 있지만, 부끄럽다고 생각지 않고 '그렇군요'라고 솔직하게 인정합니다.

실수를 알면 그만큼 이득이니까요.

이런 생각을 가지는 것이 자신을 위해서뿐만 아니라, 의뢰인들을 위해서도 좋은 일입니다.

특히, 회의에서는 틀려도 좋으니 발언을 한다는 것이 중요합니다.

자신의 의견이나 생각을 말하는 것이므로 틀리는 경우도 더러 있을 수 있습니다. 하지만, 그것을 남들로부터 지적받게 되면 정확한 내용을 하나 더 배웠다 라는 식으로 생각하면 되는 겁니다.

말을 안 하면 평생 잘못된 사실을 알고 지낼 거니까요.

틀리는 것이 두려워 발언이나 행동을 망설이는 것처럼 우스꽝스러운 일도 없습니다. 틀리면 어떻습니까. 솔직하게 인정한 후, 그 다음부터 고칠 수 있으면 되는 거지요.

저는 고시생 시절에 수도 없이 실패했었고, 세무소송에서도 패소를 연거푸 경험해봤기 때문에 더 이상 두려운 것이 별로 없습니다. 실패하면 대부분은 주저앉아 버리겠지만, 저는 주저앉지 않습니다. 사법시험에 떨어지고 세무소송에서 패소하였지만, 그것이 중도 포기한 것이 아니었기 때문에, 어느새 실패에 대한 면역이라도 생긴 거겠지요. 이러한 경험들이 지금의 제게는 너무나 보탬이 되고 있습니다. 인생이란 정말 어떤 것이 도움이 될 지 아무도 모르는 법입니다.

인생에서 실수하지 않으려 하기보다는 도전하는 편이 훨씬 더 가치가 있습니다. 인생에서는, 실패한 후에 후회하는 것보다 실패조차 못 해봤다는 후회를 하는 쪽이 결정적으로 클 테니까요.

성공한 변호사가 되기 위해

실수를 두려워 마라
해보는 것이 중요하다
틀렸으면 솔직하게 인정하고 고치면 되는 것이다

처음부터 다시 시작할 수 있다는 마음가짐을 가져라

저의 가장 큰 장점이 무엇인지 아십니까?

'지금부터 알몸뚱이가 돼서 다시 시작하라' 라는 말을 들었다면, 그대로 실행할 수 있다는 생각을 가지고 있고, 또 그만한 자신감도 있다는 사실입니다.

언제나 처음부터 다시 시작할 수 있는 마음가짐을 가지고 있는 거지요.

현재, 저희 사무실에는 30명 가량의 변호사들과 세무사들이 소속되어 있습니다만, 이 사람들과 작별을 고하고 혼자 법률사무소를 다시 시작한다 하더라도 5년 안에 똑같은 규모의 사무소를 만들어낼 자신이 있습니다. **성장의 원리원칙만 알고 있으면 필연적으로 성장은 따라오기 때문이지요**.

지금까지 수많은 좌절과 실패를 극복해왔기 때문에 더 이상 두려움이 없습니다. 숱한 실패를 경험해본 자만이 가질 수 있는 '강점'이라고나 할까요.

저의 진짜 인생은 사법시험에 합격했던 만 39세부터 시작되었습니다. 아니, 사회적으로 본다면 변호사가 되었던 만 42세가 시작이었는지도 모르지요.

그 이전에 있었던 일들은 지금 쌓고 있는 인생과는 아무 관계가 없습니다. 변호사로서의 경험, 인간관계, 재산…, 이 모두는 변호사가 되고 나서 스스로의 힘으로 획득한 것들입니다.

다시 한 번 말씀드리지만, 제 인생에 있어서 진정한 의미의 시작은 만 42세에 변호사가 되고 나서부터였습니다. 그렇게 시작하더라도 뭐든 될 수 있습니다. 실지로, 제가 뭔가가 됐지 않습니까.

그런 걸 생각한다면, 서른이 될까 말까 하는 시기에 변호사가 되었건, 40을 넘어서 되었건, 아니면 20대에 좌절을 경험했건, 별로 대단한 문제가 되지도 않습니다.

실패를 했더라도 괜찮습니다. 실패했다면 한 번 더 시도하면 되는 거니까요.

중요한 것은 실패에 굴복하지 않는 겁니다. 실패를 두려워하지 않는 거지요.

그러려면 언제나 처음부터 시작할 수 있는 마음가짐을 가져야 합니다. 만약, 가진 것을 모두 잃어버렸다 하더라도 자신만 정신을 똑바로 차리고 있다면 분명히 재기할 수 있는 거니까요. 호랑이에게 물려가도 정신만 차리면 살 수 있다고 하지 않습니까.

성공한 변호사가 되기 위해

처음부터 다시 시작할 수 있다는
마음가짐이면
두려울 것이 없다

죽을 때는 태양을 바라보는 자세로 죽고 싶다

제가 인생을 살아가는 데 있어 커다란 영향을 준 것은 시바 료타로(司馬遼太郎)의 소설입니다. 특히, "료마가 간다(龍馬がゆく)", "언덕 위의 구름(坂の上の雲)", "하코네의 언덕(箱根の坂)"을 가장 좋아하는데, 여러 번 읽었습니다.

"죽을 때는 태양을 바로 보는 자세로 죽어라"

제가 가장 소중히 여기는 사카모토 료마의 말입니다. 저도 사카모토 료마를 본받아 언제나 꿈과 의지를 가지고 '긍정적으로 살아가고 싶다.'는 생각을 하면서 실천에 옮기고 있지요.

"언덕 위의 구름"은 명치시대를 살았던 청년들을 그린 청춘 군상(群像)들에 관한 이야기입니다. 아무리 높은 언덕에 올라가 봐도 구름이 손에 닿지 않자, 그보다 훨씬 더 높은 언덕으로 올라가지요. 그런데도 닿지를 않습니다. 여기서 '구름'이란 목적을 말하는데, 바로 '꿈을 가지고 살아가는 것의 중요성'이 테마로 되어 있습니다.

"하코네의 언덕"은 전국시대의 영주였던 호죠소운(北条早雲)이 주인공인 소설입니다. 저는 이 책을 읽고 나서 '호죠의 삶이야말로 나의 이상적인 삶이다.'라고 느꼈습니다.

저는 남들보다 뒤처져 사회에 나왔습니다. 변호사가 된 후 15년 가까이 뒤처진 것을 만회하려고 토요일, 일요일도 마다 않고 일했습니다. 새로운 생활기반을 쌓는 데만 필사적이었지, 그 이외의 것들에 대해서는 아무것도 생각할 수가 없었지요. 그러나 머리 한구석에는 언제나 한 가지 생각이 자리 잡고 있었습니다. '60세가 지나면 호죠와 같은 삶을 살겠다.' 라고요.

그러한 계기를 만들어 준 것이 "하코네의 언덕"이었습니다. 호죠는 60세가 되었을 무렵에야 성주가 될 수 있었고, 그 후 27년간이나 코호죠시(後北條氏)[15]의 기초를 닦았습니다.

당시에는, 보통 60세에 죽는 것이 전혀 이상한 일이 아니었습니다. 하지만, 그때부터 시작해서 몇 십 년이 지난 후에 목적을 달성했다는 것. 연령에 상관없이 목적을 달성하기 위해 살았다는 것. 멋지지 않습니까? 이것이 바로 제가 이상으로 삼고 있는 '평생을 청춘'처럼 사는 방식입니다.

사뮤엘 울먼도 말했었지요. '청춘은 마음에 있는 것'이라고요.

저는 지금 60세를 넘었지만, '지금부터 청춘이다. 더 분발하자' 라고 매일 생각합니다. 여러 분들도 확실한 목표를 가지고 긍정적으로 살아가십시오.

성공한 변호사가 되기 위해

변호사로 출발하는 데
빠르고 늦고는 없다
몇 살이 됐건 앞으로 전진하라

15) 일본 관동지방의 대표적인 무사 집안(역자 주).

6장의 포인트

- □ 졌다면 바로 극복하라!
- □ 역경 속에서도 '잘 될 거야'라고 되뇌어라!
- □ 홀딱 반한 사람에게는 끝까지 쫓아다녀라!
- □ 거절당할 때가 기회라고 생각하라!
- □ 주변 사람들에게 꿈을 끊임없이 이야기하라!
- □ 장래 이상형으로 삼을 만한 스승을 가져라!
- □ 실수를 두려워 말고 일단 해봐라!
- □ 연령에 상관없이 '꿈'과 '의지'를 가져라!

부록

성공한 변호사의 독서리스트!

성공한 변호사가 되게 하는 말들을 습득하라

성공한 변호사의 독서리스트 ① 인생편

곁에 두고 읽고 싶은 '성공한' 변호사의 책들

"二宮翁夜話" 二宮尊徳述/福住正兄記 日本経営合理化協会出版局

'심성개발'의 이념을 내세워 사람들의 마음을 열게 함으로써 수많은 농촌을 복구했던 二宮尊徳의 명저. 마음을 닦는 일의 소중함을 깨닫게 해줍니다.

"中村天風一日一話" 財団法人天風編 PHP研究所

긍정적인 말들로만 채워진 책. 시험에 떨어졌거나 재판에서 패소했거나 우울한 때 읽으면 용기와 기운을 북돋워줍니다.

"新装版 活眼活学" 安岡正篤 PHP研究所

수많은 경영자들이 가르침을 청했던 安岡正篤의 대표작. '해결을 하려면 문제점의 밖에 서서 보라'라고 하는'사물을 보는 시각'이 변호사에게 도움이 됩니다.

"言志四録" 佐藤一齋/川上正光訳 講談社

지도자들의 바이블로 평가받는 에도시대의 유학자 佐藤一齋(사토오 잇사이)의 명저. 사무실경영자로서 높고 장기적인 시각을 갖는 것의 중요성을 배울 수 있습니다.

인생의 스승을 찾지 못한 사람들에게 권하고 싶은 책 한 권

"武将列伝" 海音寺潮五郎 文藝春秋

인생의 스승으로는 역사적인 인물이 가장 적합합니다. 본서에는 徳川家康(토쿠가와 이에야스)를 비롯한 많은 위인들이 등장합니다. 스승을 찾지 못한 사람이라면 우선 이 책부터 읽어 보십시오.

성공한 변호사의 독서리스트 ② 변호사시험·고용변호사 시절편

변호사시험에 합격하지 못한 사람들에게 권하고 싶은 책들

"弁護士が書いた究極の勉強法"(변호사가 쓴 최고의 공부방법)
木山泰嗣　法学書院

변호사시험은 물론, 변호사가 된 후에도 도움이 되는 책. 변호사의 '전문성'을 갈고 닦은 후 본서에서 가르쳐 주는 공부방법을 익혀두면 도움이 됩니다.

우울할 때 읽으면 몸속에서 기운이 솟는 책

"新装版　道は開ける"(길은 열린다)　D·카네기 香山晶訳　創元社

고시생시절, 최악이던 저를 구해준 책. 본서에서는 다양한 고민하는 사람들에 대한 사례들이 기술되어 있어, 해결을 위한 힌트를 발견할 수 있답니다.

고용변호사 시절을 잘 보내고 싶은 사람에게 권하고 싶은 책

"竜馬がゆく"(료마가 간다)　司馬遼太郎　文藝春秋

막부 말기를 풍미했던 坂本龍馬의 위인전. 고용변호사시절, 龍馬의 긍정적인 자세를 접해본다면 '꿈'과 '의지'를 가질 수 있을 것입니다.

스타트가 늦어 초조해하는 사람들에게 권하고 싶은 책

"箱根の坂"(하코네의 언덕)　司馬遼太郎　講談社

後北条氏의 토대를 닦은 北条早雲의 생애. 60세 가까이 되어 대업을 이룬 早雲를 보면서 인생에는 빠르고 늦음이 없다는 사실을 알게 될 것입니다.

성공한 변호사의 독서리스트 ③ 경영편

독립은 했지만 일이 없는 사람들에게 권하고 싶은 책

"私はどうして販売外交に成功したか"(나는 어떻게 판매외교에 성공하였나)
프랑크·베거/土屋健訳 ダイヤモンド社

거절당했을 때가 스타트. 본서에는 그에 관한 영업의 기본을 알게 해줍니다. 독립한 지 얼마 안 되어 일이 없는 시기에 용기를 갖도록 해줍니다.

직원이나 고용변호사들과 원만하지 않은 사람에게 권하고 싶은 책

"新装版 人を動かす"(사람을 움직인다) D·카네기/山口博訳 創元社

커뮤니케이션 능력이 떨어지는 변호사라면 반드시 읽어두어야 할 책. 성공한 변호사에게 빠뜨릴 수 없는 '사람을 움직이는 힘'을 기르는 비결로 가득합니다.

성공한 변호사의 경영능력을 배우고 싶은 사람에게 권하는 책

"카네기自伝" 앤드류·카네기/坂西志保訳 中央公論新社

위대한 경영자, 앤드류 카네기의 자서전. 그의 인생을 더듬어 봄으로써 경영의 진수를 발견할 수 있습니다.

법률사무실이 담당해야 할 사회적 책임을 알 수 있는 책

※ "企業の社会的責任とは何か"(기업의 사회적책임이란 무엇인가)
松下幸之助 PHP研究所

경영의 신 松下幸之助의 사회적 책임론. 기업에 대한 이야기지만, 법률사무실에 적용해 보더라도 사회를 위해 무엇을 해야 할지를 알 수 있습니다.

끝으로

미래의 성공한 변호사들에게

본서에서 여러 번 말씀드린 것처럼, 성공한 변호사가 되는 방법은 너무나 간단합니다. 사회적으로 어려움에 처해 있는 사람들을 구제해 주고 변호사로서 당연히 해야 할 일들을 당연히 하는 것. 하나하나의 사건들을 성실히 수행해서 작은 신용부터 쌓아간다면, 결과적으로 커다란 사회적 신용을 얻게 되고 그에 대한 대가도 얻게 될 것입니다. 그뿐입니다.

다만, 상당히 시간은 걸립니다. 단기간에 성공한 변호사가 되기란 어렵지요.

그래도 사회적으로 의미가 있고 보람 있는 일들을 성취해보고 싶다는 생각을 하고 있는 사람이라면 반드시 성공한 변호사가 되는 데 도전해 보십시오.

끝으로, 제가 성공한 변호사가 되기 위해 힘쓰느라 가정을 거의 돌보지 못한 상태에서 오로지 변호사업무에만 전념할 수 있도록 힘껏 지지해준 처 和美와 15년이라는 오랜 세월 동안 사무장으로 일해 준 児玉카오루 사무장에게 깊은 감사의 말씀을 전하고 싶습니다. 감사합니다.

■■■ 저자소개 ■■■

토리카이 시게카즈(鳥飼重和)

◎ — 토리카이(鳥飼)종합법률사무실 대표변호사.

◎ — 1947년 宮城県 출생, 東京에서 성장, 中央대학 법학부 졸업.

◎ — 세무사사무실에서 근무하다 만 39세에 사법시험에 합격.
만 42세에 변호사로 등록.

◎ — 기업법무와 세무소송을 전문분야로 하여, 높은 전문성으로 정평이 나있다. 특히, 세무소송에서는 2008년 승소율 87.5%라는 압도적인 강세를 자랑한다.

◎ — 일본경제신문의 '활약이 돋보인 변호사랭킹'에서는 2005, 2006, 2007, 2008년 4년 연속 랭크 인되었을 뿐 아니라, 고객들로부터의 신뢰 역시 두텁다.

◎ — 일본세무사회 연합회 고문, 일본이사협회 내부통제연구회 부회장, 일본 내부통제 연구학회 상무이사, 일본 IR협회 '내부통제와 IR'에 관한 분과회 좌장.

◎ — 저서로는, "内部統制時代の役員責任(내부통제시대의 임원책임)", "平成21年株主総会徹底対策(2009년 주주총회 철저대책)" (商事法務 共著), "リーガルマインド養成講座(리걸 마인드 양성강좌)" (商事法務), "豊潤なる企業(윤택한 기업)" (清文社), "経営承継円滑化法と民法特例の法実務(경영승계 원활화법과 민법특례의 법실무)" (清文社, 編著) 등 30권 이상.

鳥飼総合法律事務所

〒101-0052 東京都千代田区神田小川町1-3-1 NBF小川町ビルディング 6階
TEL : 03-3293-8817　FAX : 03-3293-8818
URL : http://www.torikai.gr.jp/
BLOG「鳥飼日記」 : http://torikainikki.cocolog-nifty.com/

■■■ 역자소개 ■■■

이순동

1974년 서울대 영문과 입학. 1978년 서울대 대학원 법학과 입학.

1980년 사법시험 합격. 1982년 군법무관, 1985년 판사, 1992년 일본 동경대 법학부 객원연구원, 1995년 대법원 재판연구관. 법무법인 세영 변호사. 2010년 시군법원 판사, 2014년부터 현재까지 영남대학교 로스쿨 교수.

권경은

1991년 경북대학교 일문과 입학, 1993년 오사카 외국어대학(일본 문부성 장학생), 1996년 LG금속 입사, 2000년 경북대학교 법학과 편입학. 2010년부터 일본 히토츠바시대학 법학부 박사과정을 거쳐 현재 일본 호세대학, 학습원대학에서 민법 강의

성공하는 변호사 – 늦깎이 변호사의 성공 이야기 –

저 자 토리카이 시게카즈
역 자 이 순 동 / 권 경 은
발행인 양 진 수
발행처 진 원 사

2020년 6월 12일 인쇄
2020년 6월 22일 발행

서울시 송파구 법원로9길 26, C동 1107호 (문정동, H비즈니스파크)
전화 : 02) 916-1850 / 팩스 : 02) 916-3442
신고번호 제2018-000026호
http://www.jinwonsa.co.kr
http://www.lawbookstore.co.kr
e-mail : hhansin@hanmail.net

ISBN : 978-89-6346-573-9 93360 정가 12,000원